사건별 상황에 맞는
탄원서의 예시

탄원서 A to Z

제 1 권

사건별 상황에 맞는
탄원서의 예시

탄원서
A to Z

제1권

최한겨레 편저

좋은땅

머리말

지난해 『반성문 A to Z 제1권』이라는 책을 발간하고 나자 동료 및 선배 변호사님들로부터 "반성문이 있으면 탄원서도 있어야 한다. 탄원서를 필요로 하는 사람들도 많을 것 같은데, 한번 써 보는 것이 어떻겠냐?"라는 의견을 들었다. 너무나도 맞는 말씀이었고 저자 역시 탄원서 작성법 또는 그 예시를 소개하는 것이 꼭 필요하다는 생각을 예전부터 하고 있었기에, 이렇게 펜을 들었다.

형사사건은 가해자인 피고인과 피해자의 입장을 대변하는 검사로 구성되어 있다. 여기서 좀 더 들여다보면, 밖으로 드러나지는 않지만, 피고인의 선처를 바라는 가족이나 그의 지인들이 있고, 피고인에 대해 단죄와 엄벌을 바라는 피해자와 피해자의 가족들도 있다. 그리고 피고인이 저지른 범죄와 동일하거나 유사한 범죄가 다시는 발생되지 않기를 바라는 시민들도 있다는 점에서, 형사사건의 당사자는 정말 많다.

반성문은 죄를 지은 피고인만이 작성할 수 있는 글이라면, 탄원서는 피고인이 아닌 여러 당사자들이 작성할 수 있는 글이다. 피고인은 수사기관에서 조사를 받거나 법원에서 재판을 받으면서 형사사건에 강제적으로 참석된다. 그리고 피고인은 의견서나 진술서, 반성문 등을 제출함으로써 자신의 의견을 개진할 수 있지만, 피해자나 피해자의 가족들은 그러한 기회가 없다. 그러므로 피해자나 피해자의 가족들은 수사기관이나 법원에 탄원서를 작성하여 제출하는 것이 형사사건에 참여할 수 있는 유일한 길이다.

변호사 생활을 하면서 많은 형사 피고인들을 만났고, 그 피고인들의 가족들은 필자에게 탄원서를 작성하는 방법을 알려 달라고 하는가 하면 필자가 먼저 그 가족들에게 탄원서를 요구한 적도 많았다. 법원은 재범률이 높은 범죄나 충동성이 강한 범죄를 저지른 피고인에게는 그 피고인 옆에서 그를 잘 감시하고 이끌어 줄 가족이나 지인들이 있는지를 먼저 살펴본다. 즉, 피고인의 주변 환경은 판결주문에 반드시 반영이 되므로 피고인의 가족이나 지인들이 작성하는 탄원서가 꼭 필요하다는 것이다.

한편, 필자는 사기 피해자나 성범죄 피해자 등을 대변하는 고소 대리 업무를 많이 수행하는데, 피해자들의 대다수는 어떻게 하면 피고인을 엄벌에 처할 수 있는지 묻는다. 합의나 처벌불원서를 작성해 주면 안 된다는 점은 명백하다. 그리고 여기에 추가해서 피고인의 엄벌을 바라는 탄원서를 여러 장 작성해서 수사기관이나 법원에 제출하는 등 형사 사건에 간접적으로라도 참여해야 한다. '피해자의 피해가 아직 회복이 되지 않은 사정'과 '피해자가 피고인의 처벌을 원하는 사정'은 피고인의 양형을 결정하는 데 매우 불리한 정상이기에, 피해자나 그의 가족들의 탄원서가 있으면 좋다.

서두가 길었지만, 이 책을 발간하게 된 이유는 피고인의 가족이나 피고인으로부터 피해를 입은 피해자 또는 피해자 가족들에게 탄원서를 작성하는 방법을 알려 주기 위함이다. 필자가 직접 수행한 사건에서, 사건별 상황에 맞는 탄원서의 예시를 이 책에 모아 놓았다. 형사 피고인의 가족들이든 피해자 또는 피해자의 가족들이든 자신들의 처한 입장에 따라 유용하게 참고했으면 좋겠다.

간혹 필자에게 당신은 도대체 누구 편이냐, 도대체 정의의 편이 맞느냐고 묻는 분들이 있다. 더더욱 이 책에는 죄를 범한 피고인의 가족들에게 필요한 내용이 있고 아울러 피해자 또는 피해자의 가족들에게 필요한 내용도 있으므로 오해를 할 독자들이 있을 것 같아서 간단하게 입장을 밝힌다. 모든 사물은 상반되는 양면으로 구성되어 정반합으로 발전되기에 필자는 어느 누구의 편도 아니다. 필자에게 위임을 의뢰하는 사람의 편이라는 점을 다시 한번 밝히니, 불필요한 오해는 하지 않았으면 좋겠다.

이 책을 만들기까지 도움을 준 최근식 박사님께 다시 한번 감사드리고, 좋은땅 출판사 사장님 및 편집부 여러분의 노고에도 심심한 사의를 표한다. 아울러 이 책을 읽는 독자들에게도 미리 감사의 인사를 전한다. 필자에게 부족한 점이 있다면 기탄없이 연락을 주면 좋겠다.

2020. 1. 28.

최한겨레 변호사 씀

010-3399-1334

choe@chgreat.co.kr

목차

탄원서

- **사건명: 강제추행**
- **피고인: 박○○**
- **탄원인: 이○○**

존경하는 재판장님!

저는 박○○의 아내 이○○입니다. 저의 남편은 평소에 일밖에 모르고, 가정에 충실하며, 술도 먹지 않고 아이들과 잘 놀아 주며, 단 한 번의 외박도 한 적이 없는 사람입니다. 남편이 저에게 이번 사건을 이야기했을 때 저는 제 귀를 의심했습니다. 왜냐면 이제까지 단 한 번도 여자 문제가 없었던 남편에게 이런 일이 있을 줄은 꿈에도 몰랐기 때문입니다. ○○○○년부터 8년간 교제하였고 성실한 모습에 반해 ○○○○년생 딸과 ○○○○년생 아들을 키우고 있는 저에게는 청천벽력과 같은 일이었기 때문입니다.

더군다나 저는 개인적인 카드 빚 때문에 개인회생 중이고 어렵게 마련한 반지하 빌라도 곧 경매로 넘어갈 예정이라 길바닥에 나앉을 형편입니다. 저는 누구보다 남편을 잘 알고 있기에 그간에 설명을 듣고 이미 남편을 용서하였습니다. 남편이 잘못한 것이 있다면 죄를 물으시되 공명정대하게 판결해 주실 것을 간곡히 부탁드립니다.

○○○○년 ○월 ○일

이○○

탄원서

- **사건명: 강제추행치상**
- **피고인: 이○○**
- **탄원인: 김○○**

존경하는 재판장님께 탄원합니다.

안녕하십니까. 저는 ○○대학교 대학원생 김○○이라고 합니다. ○○대학교 ○○학부를 졸업한 후 모교에서 전문 연구자가 되기 위해 학업을 계속하고 있습니다.

피고인 이○○는 ○○○○년 ○월부터 제가 제○○기 ○○○○○○으로 ○○도 ○○○○○에 복무하면서 국방의 의무를 이행하고 있을 때, ○○대학교 ○○학부 대학원에 입학하였고, 저와 친한 ○○학부 동문들이 만들었던 학술 동아리에 가입하였습니다. 저와 피고인은 그때부터 지금까지 친한 형과 동생으로 지내는 사이입니다. 피고인은 제가 무사히 군 복무를 마칠 수 있도록 격려해 주었고, ○○○○○○ 인턴시절과 ○○ 유학 시기에도 자주 연락하면서 학문적 선배로서 유용한 조언을 아끼지 않았습니다.

저는 피고인이 ○○○으로 고소를 당했다는 소식을 ○○년 ○월 교환학생 기간을 마치고 귀국한 후에 접했습니다. 생각지도 못한 소식에 매우 당혹스러웠지만, 조금이라도 피고인의 선처에 보탬이 되는 일은 무엇이라도 하고자 마음먹었기에 이 탄원서를 제출합니다.

제가 아는 피고인은 개인적인 불행을 극복하고 하루하루를 씩씩하게 살아나가는 사람입니다. 피고인과 함께하는 자리에서 항상 피고인은 주변 사람에게 활기찬 힘을 불어넣어주고, 더욱 발전적이고 긍정적인 사고를 할 수 있도록 용기를 주었습니다. 피고인은 또한 그런 격려의 말을 유쾌하게 전하는 능력을 타고난 사람입니다. 피고인은 본인의 전공분야인 ○○학에 대해서는 매우 비판적이고 날카로운 통찰력을 보여 주지만, 일상에서는 누구에게나 마음을 열고 허물없이 지내는 소탈한 사람입니다.

제가 군생활로 위축되고 다소 마음이 닫힌 상태에서 그를 처음 알게 되었을 때, 저는 그의 됨됨이를 꼭 배우고 싶다고 생각했습니다. 때문에 제가 아는 한, 저를 포함한 모든 지인은 그가 ○○대학교에서 ○○학위과정을 무사히 마치고 ○○○○ 국제노동기구에 인턴을 하러 갔을 때, 또한 ○○대학교에 전액 장학금을 받고 합격했을 때, 가족처럼 기뻐하고 응원해 주었습니다.

더불어, 피고인이 연구하고 있는 ○○학 이론은 자기 이익을 극대화하는 일반적인 ○○학이 아니라 사회에 상대적으로 소외된 계층과 공생을 추구하는 ○○학 이론입니다. 때문에 저는 피고인이 "따뜻한 가슴과 냉철한 머리"라는 이상적인 ○○학도의 모습에 매우 부합하는 학문적 궤적을 걷기 위해 그 누구보다도 충실히 노력하는 사람이라고 판단했습니다.

심지어 피고인은 ○○○○년도 여름 이후에도, 제가 유학을 준비하려고 하자 스스로를 추스를 겨를조차 없는 와중에도 기꺼이 저를 위해 시간을 내어 주었습니다. 피고인은 일반적으로 듣기 힘든 생생한 유학 준비 과정에 관한 조언을 해 주었습니다. 저는 졸업을 앞두고 촉박한 시간동안 유학 준비를 해야 했습니다. 때문에 어떤 우선순위 하에서 준비를 해야 할지 도무지 갈피를 잡을 수 없었지만, 피고인의 도움으로 학부 졸업 준비를 하면서 무사히 유학 준비를 마칠 수 있었고, ○○○의 ○○○○대학교와 ○○○의 ○○ 대학교에 합격할 수 있었습니다. 주변에서는 입을 모아 준비기간이 길지도 않았는데 한국 대학원과 동시에 해외 대학원을 준비하고, 합격하는 일은 불가능할 정도로 매우 어려운 일이라고 이야기합니다. 물론 많이 부족한 제가 이런 성과를 거둔 것은 피고인이 저에게 경험에서 비롯된 아낌없는 도움을 주었기 때문입니다.

피고인과 친밀하고 가깝게 지내면서 저는 피고인의 돌아가신 부모님이 피고인에게 남겨주신 사랑의 유산을 엿볼 수 있었습니다. 비록 일찍 돌아가셨지만, 피고인의 부모님이 주신 사랑은 아직도 생생하게 피고인의 가슴속에 남아 있음을 피고인이 남을 대하는 선량하고 따뜻한 태도를 통해 알 수 있었습니다. 사랑은 언제나 타인에게 전달될 때 빛을 발한다고 하는데, 피고인 부모님의 사랑은 언제나 피고인을 통해 찬란하게 빛을 발하고 있었습니다. 이따금 피고인은 돌아가신 부모님 생각에 눈물짓고, 힘들어했습니다. 그것은 인간으로서 너무나도 당연한 감정입니다. 하지만 곧 밝은 모습을 되찾고, 더 당당하게 살아가려고 노력하는 모습을 보면서, 피고인에게 상실감과 아픔은 이미 단순한 시련을 넘어 인생의 교훈이자 새로운 출발점이 되었다고 생각했습니다.

거듭 말씀드리지만, 제가 아는 피고인은 남에게 해를 가할 사람이 전혀 아닙니다. 오히려 누군가 해를 당한다면 적극적으로 그 사람을 구제하려고 노력하고, 불의에 맞서는 사람입니다. 때문에 간곡한 마음으로 피고인에 대한 재판장님의 선처를 부탁드립니다. 피고인이 저를 약간의 나이 차이를 극복하고 항상 절친한 친구로 생각해 준 만큼 저도 피고인을 친형제처럼 생각하며 앞으로도 서로에게 긍정적인 영향을 주며 성숙해나갈 것을 다짐합니다.

혹시, 피고인에 대해 더 궁금하시거나 더 확인하였으면 하는 바가 있으면 언제든 연락주시기 바랍니다. 제가 유학 때문에 출국하는 경우를 대비해 일부러 메일 주소도 남겼습니다. 언제든 성실히 답변하겠습니다. 다시 한번 간곡한 마음으로 피고인의 선처를 부탁드리면서 글을 마치겠습니다. 감사합니다.

○○○○년 ○월 ○일

탄원인 김○○ 드림

탄원서

- **사건명: 강제추행치상**
- **피탄원인: 이○○**
- **탄원인: 권○○**

존경하는 재판장님께.

안녕하십니까? 저는 피탄원인 이○○군과 ○○년부터 4년 동안 우정을 이어 오고 있는 권○○이라는 학생입니다. 처음, 이○○군에게 이번 사건에 대해 들었을 때, 저는 믿을 수가 없었습니다. 사람들이 흔히 사용하곤 하는, '내 귀를 의심했다', 혹은 '꿈인 줄 알았다' 같은 수사적 표현들이 전혀 과장이 아니구나 깨닫는 순간이었습니다. 제가 알았던 이○○이라는 사람의 이미지와는 도저히 연관시켜 생각할 수 없는 사건이었습니다. 분명, 서로 간에 오해가 있고, 그 오해만 풀 수 있다면, 충분히 원만하게 해결될 수 있는 상황이라고만 믿었습니다. 하지만 결국, 안타깝게도 이○○군은 피고인이라는, 조금도 어울리지 않는 이름을 단 채로, 재판까지 받게 되었다고 들었습니다. 아무 것도 아닌 저란 한 사람의 탄원이 이 재판에 끼칠 수 있는 영향이란, 무한히 작을지도 모르지만, 그 일분의 희망만이라도 저는 포기할 수 없었기에, 이 탄원서를 보내드리게 되었습니다.

  제가 처음 이ㅇㅇ군을 만난 것은 ㅇㅇ대학교 ㅇㅇ학과 ㅇㅇ 과정을 함께 시작하면서 부터였습니다. 당시 저는 ㅇㅇㅇㅇ학교를 졸업 후 5년 간의 장교생활을 마치고, 늦은 나이에 학업의 뜻을 품고 상경한 터였습니다. 마침 같은 학기 신입생이자 같은 연구실 동기였던 이ㅇㅇ군과는 이때부터 가깝게 지내게 되었습니다. 늦게 시작한 만큼, 쉽지 않았던 대학원 생활이었지만, 이ㅇㅇ군은 저에게 큰 도움이 되어 주었습니다. 비단, 학업적인 조력뿐만 아니라, ㅇㅇ학이란 학문에 대한 이ㅇㅇ군의 진지한 자세와 소신은 늘 저에게 날카롭고, 뜨거운 자극이었습니다. ㅇㅇ 및 ㅇㅇ과정 생으로 지난 4년간 ㅇㅇ학을 접하며 느낀 바를 조심스럽게 말씀 드리건대, 상당수의 젊은 ㅇㅇ학도들이, 어떻게 하면 세계 순위가 높은 학교 ㅇㅇ과정에 진학할 수 있을까, 혹은 어떤 분야를 전공하면 더 좋은 직장을 찾을 수 있을까를 고민하고 있습니다. 하지만, 이ㅇㅇ군은 분명 달랐습니다. 소위, 주류 ㅇㅇ학이라 일컬어지는 학풍에 대한 깊은 비판의식을 잃지 않으며, 자신만의 시각과 관점으로 새로운 이론을 제시하는 것만을 바라는, 순수한 학문적 열정을 지닌 학생이었습니다.
  ㅇㅇ년 ㅇ월 ㅇ일 ㅇㅇ대에서 열렸던 'ㅇㅇㅇㅇ ㅇㅇ ㅇㅇㅇㅇ ㅇㅇ'에서는 참석자였던 정ㅇㅇ 패널께서, 청중에 있던 이ㅇㅇ군을 일으켜 세우시고, 이ㅇㅇ군의 진행 중인 논문을 언급하며 칭찬하기도 했었습니다. 당시 행사가 정ㅇㅇ ㅇㅇㅇ, ㅇㅇ대 이ㅇㅇ 교수, ㅇㅇ대 김ㅇㅇ

교수 등 ○○ ○○학계의 얼굴과도 같으신 ○○학자 분들이 모이셨던 행사였음을 생각할 때, 이 일화는 당시 ○○생일뿐이었던 이○○군의 잠재력과 가능성을 충분히 증명해 준다고 생각합니다. 저는 이○○군 같은 뚝심 있고 뛰어난 학생은 흔치 않다고 믿으며, 또한 충분한 시간이 주어진다면 이○○군은 분명 학계에 큰 족적을 남길 거인이 될 씨앗을 품고 있다고 생각하고 있습니다. 훗날, 작게는 ○○ ○○학계의 위상을 세워 줄 것이고, 크게는 ○○학계의 위상을 높혀 줄 것이며, 크게는 ○○학이라는 학문을 진일보시켜 줄 인재라고 믿습니다. 저는, 이번 재판의 결과와 상관없이, 이○○군이 다시 학자의 길로 돌아와 주기를 정말 가슴 깊이 바라고 있습니다만, 혹여나 재판의 결과가 너무 가혹하여, 이○○군의 길이 꺾여 버리지는 않을지 너무도 걱정되고 두렵습니다.

또 한 가지, 제가 꼭 말씀드리고 싶은 부분은, ○○군은 그의 짧은 인생 동안 이미 그 누구보다도 큰 아픔을 받아 왔다는 사실입니다. 어린 20대의 나이에 ○○군은 두 부모님을 잔인한 병마로 인해, 연이어 떠나보내 드려야 했습니다. 우정을 이어온 4년간의 기간 동안 저는 ○○군이 가지고 있는 부모님에 대한 짙은 그리움을 늘 전해 느낄 수 있었습니다. ○○군은 자주 저에게 부모님의 사진을 보여 주며, 눈물을 보이곤 했었습니다. 사진 속 부모님께서는 병상에 계신 상태였지만, ○○군을 위해 밝으신 모습을 보여 주고 계셨습니다. 형제도 없이 세상에 홀로 남게 될 아들을 위해 투병 중에도 고통을 무릅쓰고 웃음을 지어 주신 것이었겠지요. 병색을 애써 감추신 그 미소가 저는 너무 슬펐고, 그런 사진을 몇 번이고 쓰다듬으며 눈물을 흘리는 ○○군의 모습은 저를 더욱 가슴 아프게 하였습니다. 만약, 사람마다 평생 느끼는 고통의 총량을 잴 수 있다면, 이미 ○○군이 받아온 고통은 평균을 훌쩍 넘었을 것이 분명합니다. 왜 운명은 ○○처럼 좋은 친구에게 이렇게 가혹할까 하는 원망을 품어 보는 것 말고는 제가 해 줄 수 있는 것이 없었습니다.

그런 저의 원망이 부족했던 것인지, 혹은 지나쳐서 도리어 화가 된 것인지, ○○군은 다시 또 너무나 큰 아픔에 빠지고 말았습니다. 이번 사건으로 인해, 멈추어 있는 학업과 포기하게 된 유학의 길, 방황의 고통, 그리고 무엇보다도 가해자의 입장에 서게 되었다는 사실에서 오는 자괴감이 무겁게 ○○군을 짓누르고 있습니다. 불가피하게 ○○군에게 벌을 내리셔야만 하더라도 이미 ○○군이 치른, 그리고 치르고 있는 죗값도 부디 생각해 주시기를 간곡히 청원 드립니다.

저는 절대 피해자분의 고통을 깎아내리려는 것이 아닙니다. 오히려 저는 저의 탄원서가 그분께 또 다른 고통이 될까 무섭고, 이 사건으로 인한 그분과 가족 분들의 모든 아픔이 꼭 녹아 없어져 버리기를 바라고 있습니다. 안타깝게도, 저는 양쪽의 이야기를 모두 들어 보지도 못하였고, 이 ○○군이라는 한쪽만을 4년 동안 지켜보아 왔을 뿐입니다. 결국, 제 탄원 또한 그 한쪽에만 의존하여 쓰인 것이라는 사실 또한 부정할 수 없는 것입니다. 때문에, 저는 이렇게 탄원서를 보내는 것에 대해 고민한 적도 있었습니다. 그럼에도 불구하고, 저는 이 ○○군에 대해 가지고 있는 제 생각의 모든 것을 꾸밈없이, 지나침 없이 재판장님께 전해야겠다고 다짐했습니다. 제가 보고 있는 한 면 또한, 재판장님께서 바라보실 양면의 일부가 될 것이고, 재판장님께서는 그 양면을 모두 보시고, 공정한 판결을 내려 주시길 것이라는 결론에 이르렀기 때문입니다.

　존경하는 재판장님, 부디 부탁드립니다. 재판장님께서 법의 질서와 정의를 지키시고, 피해자의 다친 마음을 위로하심에 있어서, 부디 이○○라는 이름의 어린 영혼의 가엾음과, 이○○라는 이름의 젊은 학도의 미래도, 다시 한번만 생각해 주십시오. 꼭 부탁드리겠습니다. 길고 어린 투정일 뿐인 글이지만, 끝까지 읽어 주셔서 정말 감사합니다.

○○○○년 ○월 ○일
권○○ 올림

탄원서

- 사건명: 강제추행치상
- 피고인: 이○○
- 탄원인: 우○○

존경하는 재판장님!

　저는 ○○대학교 ○○병원에서 ○○로 근무하고 있는 우○○이라고 합니다. 먼저 이번 사건에서 심각한 피해를 입었을 피해자에게 피의자 이○○의 친구로서 송구하기 그지없음을 밝힙니다. 일의 자초지종을 들어보니 이○○가 ○○과정 동기인 피해자의 거주지에서 부모님에 대한 그리움을 구실로 피해자에게 접근하여 ○○하려 했다고 ○○○○으로 고소당했고, 결국 ○○○○○○으로 기소되었던 것 같습니다. 사건에 대한 구체적인 경위는 검·경에서 상세히 밝힐 것으로 여기고 다만 이○○를 14년간 보아온 친구의 입장에서 이 건을 바라보는 의견을 밝히고 선처를 간곡히 구하고 싶습니다. 바쁜 와중이시더라도 끝까지 읽어 주시면 감사하겠습니다.

이○○는 제가 학창시절 가장 질투하던 친구였습니다. 결손가정에서 자라 여기저기 눈칫밥 먹으며 어렵게 지내던 저와 달리 이○○는 어질고 근면하며 금슬 좋은 부모님이라는 최고의 행복 속에서 성장한 아이였고, 어딘가 삐뚤어져 있던 저와는 달리 부모님께 받은 사랑을 바탕으로 항상 밝고 긍정적인 모습을 통해 많은 이들로부터 아낌을 받던 친구였기 때문입니다. 그래서인지 저는 괜한 질투로 ○○에게 '넌 너무 어리다', '네가 사람들에게 호의적인 것처럼 남들도 너에게 호의적일 거라 생각 마라'는 투로 핀잔을 주기도 했고, 부끄럽지만 다른 친구에게도 뒷담화를 하기도 했습니다. 하지만 이○○는 그 모든 사실을 듣고도 저를 다 이해해 주고 오히려 먼저 사과하며 집으로 초대해 주는 속 깊은 친구였습니다.

그런 시간들을 보내 왔기에 저는 이○○의 인생에서 양친을 잃은 것이 얼마나 커다란 사건이었는지 오히려 조금이나마 이해할 수 있었습니다. ○○가 살아 온 세계의 바탕에는 항상 부모님이 있었고, 그의 최고 자랑거리는 부모님이었으며, 어떤 일을 하던 부모님의 의중을 먼저 헤아리고 사생활에서조차 부모님을 거역하지 않을 정도로 양친을 지극히 생각하던 ○○였기에 양친의 상실은 ○○에게 절대 치유되지 않는 깊은 상처였을 것입니다. 개인적인 사정상 ○○의 집에 몇 주간 얹혀 살기도 하던 저는 ○○가 힘들어하는 모습을 자주 볼 수 있었습니다. 워낙 술이 약해 거의 입에도 대지 않던 ○○가 어느덧 술을 마시기 시작했고, 부모님의 추억이 담긴 물건들을 보며 눈물짓는 ○○를 다독여 주며 같이 밤을 보내던 때도 많았습니다.

그렇기에 이번 사건이 저에게는 너무 받아들이기가 어렵습니다. 부모님에 대한 그리움을 도구로 이성의 경계심을 무너뜨린 뒤 성적 폭력을 가하려는 행위는 마치 부모의 유골 위에서 타인을 성폭행하는 것과 마찬가지인 끔찍한 행위입니다. 타인 앞에서 부모님에 대한 감정을 주체하지 못해 울며 안아 달라 하는 행위 역시 매우 미숙하고 굉장히 문제될 수 있는 행위임은 부정할 수 없지만, 거기에 성적 욕구를 충족하고자 하는 더러운 속셈을 숨겼던 만큼 이〇〇가 패륜적인 사람은 아니라고 생각합니다. 이외에도 양친을 상실한 후 이〇〇가 친구들에게 더더욱 많은 애착을 가지게 된 것, 그렇기에 일단 친구가 기분 상할 일이 있으면 먼저 사과하고 보는 버릇 등 이〇〇가 이번 사건에서 했던 행위들에 대하여 전해 드리고 싶은 말은 많지만, 결국 성추행이란 받아들이는 입장이 더욱 중심이 되어야 하는 만큼 〇〇에게 책임이 없다고 말하기는 힘들다 생각합니다.

그저 바라는 바는, 〇〇가 자신의 행위에 책임을 지게 되더라도 다음과 같은 부분을 조금만 고려해 주시길 원합니다. 〇〇은 이미 이번 사건을 통하여 어릴 적부터 꿈꿔 온 장래를 상당 부분 포기하게 되었습니다. 하지만 〇〇가 실형을 살게 된다면 꿈이 문제가 아니라 당장 삶을 영위하는 것 자체도 위태롭게 됩니다. 이〇〇는 고정적인 수입도 없고, 물려받은 유산 역시 이제는 허사가 돼버린 〇〇유학과 소송을 통해 상당 부분 소진했습니다. 애초에 소위 '돈 되는 전공'이 아니라 학문의 길을 택한 〇〇에게 실형은 재기마저 허락되지 않는 돌이킬 수 없는 결과를 낳게 합니다. 또한 양친을 여읨으로써 가족도 없는 〇〇에게 실형은 사회적 관계의 파멸도 가져올 수 있습니다. 아무리 고모네 가족들과 결혼을 약속한 여자친구, 좋은 친구들이 ○○에게 있다고 해도 각자 자신의 삶에 바쁜 만큼 튼튼한 사회적 관계라고 하기는 어렵습니다. 특히 여자친구와 내년에 혼인을 약속한 사이라지만, 감옥까지 다녀온 성범죄자인 동시에 미래 전망도 암담한 자와 혼인을 허락할 부모가 있을런지요, 실형은 이○○가 '자기 가족'을 만들 수 있는 가능성을 말살하게 될 수도 있습니다.

　존경하는 재판관님,
　우리 사회가 엄벌주의를 택하지 않는 것은 범죄자의 교화에 더 큰 비중을 두고 있기 때문이라고 알고 있습니다. 이○○는 자신의 철없는 행위에 크나큰 후회를 하고 있으며 앞으로 일어날 수 있는 무서운 일들에 대한 두려움에 항우울제와 향정신성 의약품으로 하루하루를 버텨나가고 있는 것을 직접 제 눈으로 보고 왔습니다. 병원에 근무하는 의료관계자의 눈으로 볼 때 이미 이○○는 '심각한 상황'에 처해 있는 듯하여 걱정이 되기도 합니다. 이○○가 자신의 행위에 책임을 지게 되더라도 부디 그가 자신의 미래에 대하여 희망을 잃지 않고 다시는 부모님의 이름에 부끄러운 행동을 하지 않는 삶을 살아갈 수 있도록 고려해 주시기를 간절히 부탁드립니다.

　저의 두서없는 탄원서를 읽어 주셔서 감사합니다.

○○○○년 ○월 ○일
탄원인 우○○ 드림

탄원서

- 사건명: 강제추행치상
- 피고인: 이○○
- 탄원인: 김○○

존경하는 재판관님께 탄원합니다.

저는 ○○○○ ○○ ○○회에 ○○이며, ○○ ○○ ○○회에서 ○○ 중인 김○○입니다. 우선 이번 사건으로 인해 끝없는 고통 중에 있을 피해자와 그 가족들에게 피고인의 친구로서 진심으로 송구함을 밝힙니다. 저는 피고인 이○○와 ○○ ○○○고등학교의 동창으로, ○○○○ 년 처음 만났습니다. ○○ 중창 동아리에서 만나, 현재까지 꾸준히 연락을 취하며 좋은 관계를 유지하고 있습니다. 피고인은 ○○대학교 대학원을 졸업한 후, ○○ ○○○○기구에서 인턴 활동을 했고 이어 꿈꾸던 ○○ 유학생활을 시작했습니다. 그러나 얼마 지나지 않아 피고인이 한국에 돌아왔음을 알게 되었습니다. 그 이후 사건의 소식을 알게 되었고, 안타까움이 앞섰습니다. 현재는 사건에 대한 조사가 마무리 되고, 선고만 남겨둔 상황이라 알고 있습니다. 피고인의 오랜 친구로서 재판장님께 피고인에 대한 선처를 부탁드리기 위해 송구하지만 탄원서를 보냅니다. 바쁘신 중에도 읽어 주시기를 부탁드립니다.

피고인은 학창시절부터 참 성실한 친구였으며, 배움에 열정이 있는 친구였습니다. 이ㅇㅇ는 고등학교 시절 등교 전에 일본어 학원에 가서 일본어 수업을 듣고, 등교를 하곤 했습니다. 또한 그는 주어진 학업에도 최선을 다했습니다. 학생으로서 주어진 삶의 환경에 늘 최선을 다했습니다. 대학교로 진학할 때, 그나마 취약했던 ㅇㅇ학을 선택했고 얼마 지나지 않아 ㅇㅇ학에 대한 전반적 이해와 더불어 현대 사회의 ㅇㅇ적 문제까지 다루는 등의 깊이를 나타냈습니다.

또한 피고인은 ㅇㅇㅇㅇ에 대해서도 많은 관심을 나타냈습니다. ㅇㅇ에서도 ㅇㅇ의 열심을 가졌을 뿐 아니라, 대학 진학 후에는 더 깊이 있는 관심으로 ㅇㅇ 고전들을 탐독하기도 했습니다. 이ㅇㅇ는 음악적 재능으로 ㅇㅇ하는 일에 또한 힘썼습니다. 고등학교 시절뿐 아니라, 대학 졸업 후에도 고향 ㅇㅇ에서 고등학교 친구들과 만나 ㅇㅇ을 연습하고, 발표회를 가지는 등 꾸준히 그 ㅇㅇ을 가져 왔습니다. 아래 영상은 그 당시의 실황영상들입니다.

피고인은 평생에 사람들을 사랑했으며, 또 많은 이들에게 사랑받는 친구입니다. 고등학교 시절부터 주위에 친구들이 끊이질 않았습니다. 학업에 대한 부분에 도움을 받고자 하는 친구들도 있었지만, 다수는 유쾌한 이ㅇㅇ와 어울리길 원했습니다. 그런 이ㅇㅇ가 누구보다 가장 사랑했던 이는 부모님이었습니다. 부모님의 권위 아래 순종하기를 기뻐해서, 남들보다 더 바른 생활을 했으며 흔히 말하는 '모범생'의 삶을 살아 온 친구입니다. 이○○가 군대를 제대하고 얼마 지나지 않아 모친께서 암으로 투병하다 돌아가시고, 그 후년에 부친께서 간경화로 인해 돌아가셨습니다. 이○○는 감히 제가 상상도 할 수 없는 어려움의 시간을 겪었고, 여전히 어려움 속에서 살고 있는 친구입니다. 아픔을 잊고자 더 공부에 매진했는지도 모르겠습니다.

　존경하는 재판장님.
　이○○가 해서는 안 될 행동을 한 것에 대해 다시 한번 진심으로 송구하며, 피해자와 그 가족들에게 송구함을 밝힙니다. 이○○는 현재 이 일에 대한 후회와 반성의 시간을 보내고 있습니다. 반드시 필요한 시간이지만, 오랜 시간 이어져 온 고통의 시간 속에 혹 극단적 선택을 하진 않을까 두렵습니다. 간곡히 선처를 부탁드립니다. 피고인이 지금 시간을 헛되이 사용하지 않도록 친구로서 깊은 관심을 가지고 지켜보겠습니다. 진정한 반성이 그 삶으로 드러나도록 조언하며 챙겨 보겠습니다. 부디 이 청년이 반성하며 새로운 삶을 살아 내도록, 기회를 허락해 주십시오. 긴 글을 읽어 주셔서 진심으로 감사합니다.

○○○○년 ○월 ○일
탄원인 김○○ 드림

탄원서

- **사건명: 강제추행치상**
- **피탄원인: 이○○**
- **탄원인: 박○○**

  *○○은행 조사역, ○○대학교 대학원 ○○과정

재판장님께.

피고인 이○○에 대한 탄원을 아래와 같이 올립니다. 저는 ○○대학교 ○○학과 대학원에서 이○○와 함께 수학한 동문으로, 현재 동대학원에서 ○○과정에 있는 학생입니다. 저희 가족과도 깊이 교류를 이어온 이○○가 유학 중 큰 잘못을 저질렀다는 사실을 전해 듣고, 너무나 안타까운 마음에 탄원의 글을 올리게 된 점을 재판부에서 널리 이해해 주시기를 구합니다.

다만, 먼저 이○○와 마찬가지로 큰 꿈을 안고 유학길에 올라 젊음을 바쳐 공부하던 중에 이번 일로 깊은 상처를 입었을 피해자에 대하여도 위로와 사과의 마음을 전하고 싶습니다. 아울러 이번 소송 절차를 통해 피해자의 마음도 회복되어 원하던 자리로 복귀하고, 공부한 노력의 결실을 볼 수 있기를 간절히 기원합니다.

저는 다니던 직장을 휴직하고 ○○○○년 ○○대학교 대학원에 입학하였고, 당시 ○○과정 마지막 학기였던 이○○와는 연구실 모임과 스터디 등을 통해 교류가 있었습니다. 이○○는 학과에서 학점도 좋고, 주변에서 물어보면 본인의 시간을 할애해서라도 알려주는 덕에 교류하는 사람들이 많았습니다. 그래서 학과에서는 이○○를 똑똑하고 친절하며 활발한 사람으로 기억하고 있습니다. 알고 지낸지 얼마 되지 않았을 때 이○○는 대학생 때 부모님 두 분 모두 여읜 본인의 이야기를 했습니다. 사실 제 주변에 그런 경우가 없어서 당황스럽기도 했지만 한편으로는 저희가 상상하기 힘든 어려운 시간을 이겨내고 밝게 지내는 모습이 기특하고 이○○의 솔직하고 당당한 모습이 더욱 가치 있게 느껴졌습니다.

이○○는 저보다 나이는 어리지만 생각이 성숙하고 지식이 풍부하여 제가 오히려 그를 통해 많이 배우기도 했습니다. 특히 ○○학과 ○○○에 대해 성실하지만 늘 비판적인 사고로 공부하는 모습에 저 또한 자극을 많이 받았습니다. 저의 남편도 이런 이○○와 교류하는 것을 좋아하고, 그를 아끼며 주변을 살펴봐 주고 싶어 했습니다.

저희는 이○○의 유학 소식에 그가 더 큰 세상으로 나와 사회에 크게 기여할 학자로 성장할 것을 기대했습니다. 높은 성적으로 ○○ 1년차 시험을 통과하였다고 하여 잘 지내고 있는 줄만 알았는데, 이런 사건 소식을 접하고 이○○가 인생에서 가장 중요한 시점에 큰 실수를 하여 너무나 안타깝고 원망스럽게 느껴졌습니다. 이○○는 먼저 피해자로부터 용서를 구해야 할 것입니다. 법을 어긴 만큼 사회와 제도가 주는 죄 값도 받아야 할 것입니다. 다만 저와 남편은 이○○를 가족처럼 아끼는 마음에서 그를 심리적으로 지원하고자 합니다. 지난 1년간 이○○는 본인의 우발적인 행동을 깊이 반성하고 뉘우치고 있습니다. 그가 그동안 견뎌온 긴 시간에 용서를 보여 주셔서, 질책과 용기를 줄 수 있는 판결을 내려주시기를 간곡히 청합니다.

ㅇㅇㅇㅇ. ㅇ. ㅇ.

탄원인 박○○ (인)

탄원서

- **사건명: 강제추행치상**
- **피고인: 이○○**
- **탄원인: 유○○**

존경하는 재판장님.

저는 피고인 이○○의 친구 유○○입니다.

이번 사건이 일어나기 전까지 저의 친구 이○○는 ○○에 있는 ○○ 대학교에서 ○○학 ○○과정으로 성실하게 열심히 배우며 학업에 열중하던 친구였습니다. 이번 사건에 처음 고소를 당하였다는 소식을 접했을 때 당혹스럽고 또한 제 친구 이○○가 피고인이라는 사실에 더 놀라웠습니다. 왜냐하면 평소 제 친구 이○○는 늘 인내와 성실함이 몸에 배어 있어 사람들이 부탁을 하면 거절을 잘하지 못하여 가끔씩 피해를 입어도 잘 내색하지 않는 성격이었습니다. 또한 대인관계도 잘 유지해 오며 밝고 유쾌한 성격으로 많은 사람들의 사랑을 받고 건강하게 지내는 걸 지켜본 저로써는 이번 사건에 대해 놀랍고 유감스러울 따름입니다.

고등학교 학창시절부터 지금까지 제가 알고 지켜본 이○○는 평소 정이 많고 배려심도 많아 쉽게 사람들의 작은 부탁에도 거절하지 못하고 잘 들어주고 베풀었던 친구입니다. 이번 사건에 제 친구 이○○가 고소당하였던 상황에 저로써는 당황스럽고 안타까운 심정이지만 그 친구 또한 본 사건에 대하여 신중하게 생각하며 깊이 반성하는 모습을 많이 비추고 있습니다. 어린 나이에 부모님을 먼저 보내는 가슴 아픈 일도 있었지만 그 후에도 절대 예의에 어긋난 행동을 하거나 무기력한 모습을 비추지 않고 현실에서 열심을 다해 깊이 생각하고 반성하고 있는 제 친구를 한 번 더 생각해 주셔서 선처를 해 주시기를 간곡히 구합니다.

이○○를 10년 넘게 봐 왔던 친구입니다. 늘 부모님을 그리워하며 생각하며 열심히 살겠노라고 돌아가신 부모님께도 하늘에서 보란 듯이 열심을 다해 살겠노라고 다짐하며 꾸준한 모습을 늘 비추고 저와 함께 부모님 계신 납골당에도 가서 잘하고 있다며 하늘에서 응원해 달라고 효도하는 착한 아들이었습니다.

이와 같이 제가 아는 이○○는 마음씨가 따뜻하며 착한 친구이니 부디 피고인에 대한 재판장님께서 선처해 주실 것을 간곡하게 부탁드립니다.

감사합니다.

○○○○년 ○월 ○일

위 탄원인 유○○ (인)

탄원서

- 사건명: 강제추행치상
- 피고인: 이○○
- 탄원인: 정○○

존경하는 재판장님, 안녕하십니까?

 저는 이○○ 씨와 함께 ○○○○에서 ○○생활을 하고 있는 정○○입니다. ○○에서는 ○○위원과 ○○위원장을 맡고 있고, ○○가 창립한 사단법인 ○○○○○○○원에서 원장으로 활동하고 있습니다. 몇 년 전, 중장년 ○○이 대부분인 저희 ○○에 젊은 이○○ 씨가 찾아와 동참하면서 활력을 불어 넣어 준 것을 고맙게 생각하고 있습니다. 함께 ○○생활을 하면서 이○○ 씨의 아픈 가족사를 알고 가슴 아파했던 기억이 납니다. 그런 개인적 아픔에도 불구하고 이○○ 씨는 밝고 신선한 에너지를 발산했습니다. 특히 인상적이었던 것은, 이○○ 씨가 다른 세대와도 자연스럽게 소통하며 어울렸다는 점입니다. 그는 ○○의 청년회, 독서토론회, ○○회, 크고 작은 모임에 적극적으로 참여하면서 많은 ○○들의 사랑과 신뢰를 받았습니다. 이○○ 씨는 나이 든 ○○들과도 깊은 대화를 나누고, 그러면서도 젊은 또래 청년들의 구심점 역할을 했습니다.

또한 이〇〇 씨는 자신의 공부하는 분야에 대한 열정이 무척 뜨거웠습니다. 〇〇학 연구 주제에 대해 이야기할 때면 눈이 반짝반짝 빛났지요. 비전공자도 쉽게 이해할 수 있도록 풀어 설명하고 나누려는 의지와 노력을 느낄 수 있었습니다. 그런 모습을 지켜보면서 이〇〇 씨의 개인적 아픔과 학문에 대한 열정이 그의 삶을 밝혀 줄 등불이 되어 주길 바랐습니다. 이〇〇 씨는 모든 〇〇의 축하와 〇〇을 받으며 유학길에 올랐고, 우리 모두 그가 공부를 마치고 좋은 학자가 되어 학계와 사회에 큰 기여를 해 줄 것이라고 기대했습니다.

그래서 이번 사건이 더 가슴 아픕니다. 우선 무엇보다 피해자의 아픔에 깊은 사과와 위로의 마음을 전하고 싶습니다. 가까이 지내던 이〇〇 씨에 대한 피해자의 선의의 초대와 배려가 이토록 모두에게 큰 아픔을 주는 사건으로 귀결된 것이 너무 안타깝습니다. 이미, 이〇〇 씨도 깊이 반성하며 무척 괴로워하고 있습니다. 사건의 진상은 재판장님과 재판부에서 법적으로 엄정히, 공정히 판단해 주실 것이라고 믿습니다. 다만, 이〇〇 씨의 진심어린 후회를 참작해 주셔서, 그가 살아가면서 잘못을 만회할 새로운 기회를 갖도록 선처해 주실 것을 간곡히 부탁드립니다. 이번 일로 이미 인생 경로가 크게 바뀐 이〇〇 씨 곁에서, 그가 한 건강한 시민이자 신실한 〇〇인으로 살아가도록 지켜보고 꾸짖고 격려하겠습니다. 다시 한번 재판장님과 재판부의 선처를 부탁드립니다.

○ ○ ○ ○년 ○월 ○일

탄원인 정 ○ ○

진정서

- 사건명: 강제추행치상
- 피고인: 이○○
- 피해자: 김○○
- 진정인: 김○○

존경하는 판사님께,

안녕하세요. 저는 이번 재판의 피해자인 김○○입니다. 먼저 직접 재판에 참석하기 보다는 이 글로 대신하여 저의 입장을 전달하는 어려움을 이해 부탁드립니다. 최종판결이 나기 전에 판사님께 저에게 일어난 사건과 그 이후의 변화에 대해 피해자인 제가 직접 이야기해야 한다는 생각에 이 글을 작성합니다.

저는 작년 봄에 학교 동기에게 위 사건을 당했습니다. 그날 그 동기는 부모님이 일찍 돌아가신 사실에 힘들어하며 저에게 위로를 구하였습니다. 그 동기는 한참을 울어 감정으로 불안정하였고 술을 마셔 취해 있었습니다. 얼마 지나지 않아 동기는 저의 집에 자고 가겠다고 하였고 저는 이에 동의하였습니다. 제가 그 당시 가장 염려하였던 것은 동기의 신변이었습니다. 차라리 제가 직접 신체적으로, 감정적으로 회복한 것을 확인하고 집에 돌려보내는 것이 낫겠다는 판단을 하였습니다. 그러는 것이 저의 책임이라는 생각까지 들었습니다. 달래 주고 있는 상황에서 그 동기는 관계를 요구하는 질문은 하였습니다. 저는 동기가 명료하게 이해할 수 있는 말로 거절하였습니다. 제가 대답을 하고 대처하기도 전에 동기는 저를 끌어안고 추행하기 시작하였습니다. 저는 당황하여 하지 말라고 경고도 하고, 이러면 어떻게 제 얼굴을 볼 수 있겠냐며 호소도 해 보았지만 동기는 멈추지 않았습니다. 몸을 피하려고도 해 보았지만 더 힘을 주며 조이는 것을 느꼈습니다. 어느 순간 저는 차라리 가만히 동기가 잠들기까지 기다리는 것이 더 나쁜 상황으로 빠지는 것을 막을 수 있는 최선의 방법이라는 생각이 들었습니다. 시간이 좀 흐르고, 동기가 움직임을 멈췄습니다.

저는 그 틈에 집을 빠져나와 당시 교제 중이던 남자친구의 집으로 몸을 피할 수 있었습니다. 사건 이후 '외상 후 스트레스증후군'이 발병하였고, 저는 지난 일 년 동안 이를 치료하기 위해 지속적인 정신과적 상담과 약물치료를 받고 있습니다. 한 번은 늦은 시간까지 대학원 열람실에 있다가 한 남학생과 단 둘이 남겨졌다는 것을 알아차리고 위험을 느껴 몸이 굳어 버려 당황한 적이 있습니다. 저에게 사건이 남긴 것은 단지 정신적인 병뿐이 아니라 힘이 없으면 신체적으로 당할 수 있고 의사에 반해 강제적으로 인격이 짓밟혀질 수 있다는 인식입니다.

저는 현재 ○○대학교 ○○과정에 복학하였습니다. 저는 항상 신념과 학업적 방향이 일치해야 한다고 믿어 왔습니다. 저에게 이것은 사회적으로 합의된 정의를 발현시킬 수 있는 경제적 장치에 대한 탐구였고, 여기에는 개인 간의 신뢰 구현을 기반으로 하고 있었습니다. 그러나 이번 사건에서 발생한 동기라는 친밀한 관계에 있는 사람에게 당한 배신감과 이타적인 행동을 개인의 욕망을 위하나 기회로 이용하였다는 사실은 저에게 인간에 대한 믿음 자체에 대한 근본적인 의문을 가져왔습니다. 사건 이후로 저의 이십대를 건 학문적인 회의까지 겪고 있습니다.

반면 아직까지 저는 사회체제가 사회적 정의를 바로잡을 수 있다는 희망을 모두 버리지 않고 있습니다. 개인의 권리를 박탈하면 피해에 대한 적절한 처벌을 사법체제가 정해서 실현시킵니다. 가해자에 대한 피해를 살펴서 형량 참작 없는 올바른 처벌을 해 주시기를 판사님께 부탁드립니다. 가해자에 대한 합당한 처벌만이 저의 피해에 대한 사회의 인정이라고 생각합니다. 그리고 이는 저의 회복의 시작이라고 생각합니다.

재판이 마무리를 향해 가면서 가해자는 저희에게 합의를 요청하고 있는 것으로 압니다. 용서는 본인의 행동에 대한 상대방의 이해가 기반이 되어야 한다고 생각합니다. 그러나 가해자는 정작 사건 당일에 대한 본인의 구체적 행동은 기억이 안 난다고 주장하며 본인의 행동에 대한 어떠한 해명도 하고 있지 않습니다.

저의 입장에서 가해자의 용서를 들어줄 계기를 찾기 힘듭니다. 게다가 가해자는 합의를 위하여 부모님께 직접 연락하고 직장에 찾아온다든가 하는 행동을 하고 있습니다. 합의 의사가 없음을 분명하게 밝혔는데도 용서를 구한다는 것은 피해자에게 가해자가 용서를 강요하는 바와 다르지 않다고 생각합니다. 이러한 가해자의 태도는 사건의 과정에서도 거절의 의사를 거절로 받아들이지 못하고 본인이 원하는 바를 관철시키려고 하던 모습까지 떠오르게 합니다.

이에 따라 판사님께 요청 드립니다. 가해자의 선처를 배제하여 주시길 부탁드립니다. 아직 사회 초년생이며 초범인 가해자를 앞에 두고 이런 요청이 정당한 것인지에 대한 고민을 해 보았습니다. 그러나 가해자의 잘못에 대한 책임을 요청하는 것은 결코 너무하다고 생각하지 않습니다. 가해자의 책임지는 행동만이 피해자인 제가 이 사건을 극복할 수 있다고 생각합니다. 가해자 또한 본인의 책임을 다 지었을 때에 이 사건을 뒤돌아보지 않을 수 있지 않을까 싶습니다.

탄원서

- **사건명: 강제추행치상**
- **피고인: 이○○**
- **탄원인: 배○○**

존경하는 재판장님께 탄원합니다.

안녕하세요! 저는 현재 ○○○○○○에서 근무하고 있는 배○○입니다. 제가 재판장님께 탄원서를 작성해 호소하게 된 것은 타의적으로 작성한 것이 절대 아니며 전적으로 저의 내면에서 우러나오는 자발성에서 이뤄진 것임을 먼저 말씀 드리고 싶습니다. 저는 피고인 이○○와 고등학교 중창단을 만남으로 알게 되었고, 현재까지 친구로 잘 지내고 있는 친구 사이입니다. 제가 10년 넘게 알고 있는 친구 이○○는 먼저 자기보다 타인을 배려하는 따뜻한 사람입니다. 제가 중창단을 시작할 무렵 제가 어색하지는 않을까 배려하여 많은 친구들을 소개시켜 준 기억이 납니다. 그만큼 자기 자신보다 공동체 생활에 있어서 타인을 먼저 배려하는 마음 깊은 친구입니다. 그리고 이○○의 성품이 만들어 지기까지는 부모님의 영향도 큽니다. 2~3개월 준비해 오던 중창단 발표

당일에 부모님들께서 참석하셔서 친구 이ㅇㅇ의 부모님을 뵈었던 첫날을 잊을 수가 없습니다. 부모님을 처음 뵙고 이야기를 나누던 순간 저는 타인을 배려하고 성실하고, 인자했던 ㅇㅇ의 모습을 부모님의 모습에서 발견하게 되었습니다. 그래서 저는 이번 사건이 저에게 있어서 놀랄 수밖에 없었습니다. 제가 10년 넘게 보고 지내왔던 이ㅇㅇ와의 모습과 너무나도 달랐기 때문입니다.

피고인에 대한 재판장님의 선처를 간곡히 부탁드립니다. 제가 지금까지 지켜본 이ㅇㅇ는 상대방에게 무례하게 대할 사람이 아니며 악의적으로 해칠 만한 사람이 아닙니다. 누구에게 함부로 상처를 주거나 남을 다치게 할 사람도 아니며 제가 그동안 줄곧 지켜 보아온 친구로서 그런 일도 전혀 없었습니다. 앞으로 피고인의 친구로서 그가 올바른 길로 갈 수 있도록 옆에서 열심히 돕도록 하겠습니다. 그는 일찍 세상을 떠난 부모님의 이야기를 친구들에게 자주 해 왔습니다. 그리고 저는 그 친구의 마음을 다 이해할 수 있다고 말할 수도 없습니다. 하지만 부모님의 생각으로 힘들어할 때 더 열심히 그 친구 옆에서 도와줄 것을 재판장님에게 약속드립니다. 성실했던 친구 이ㅇㅇ가 올바른 사회인으로 나아갈 수 있도록 재판장님께서 선처해 주실 것을 간고히 부탁드립니다.

ㅇㅇㅇㅇ년 ㅇ월 ㅇ일
탄원인 배ㅇㅇ 드림

탄원서

- **사건명: 강제추행치상**
- **피고인: 이○○**
- **탄원인: 이○○**

존경하는 재판장님께.

안녕하십니까 재판장님, 피고인 이○○에 대한 재판장님의 선처를 간곡히 탄원 드립니다. 저는 평범한 회사원 ○○살 여자 이○○라고 합니다. 피고인 이○○와 ○○에서 만나게 되어 4년간 가까운 친구로 지냈습니다. 처음으로 ○○○과 관련하여 고소를 당했다는 사실을 피고인에게 듣게 되었을 때 저는 아무 말도 하지 못했습니다. 너무 믿기지 않았고, 그가 이런 사건의 당사자가 된 것이 괴로웠습니다.

저는 여자이기 때문에 겪어야 했던 성적인 차별과 폭력을 겪어 왔습니다. 그 때마다 절망하고 좌절하고 혐오감에 빠져 괴로움에 허덕였습니다. 하지만 주변의 격려와 응원으로 다시 일어섰습니다. 이○○는 그 때 제 옆에서 같이 분개하고 저를 오롯이 이해해 주었던 사람이었습니다. 저도 누군가에게 피해자였기 때문에 제가 가장 신뢰하고 믿는 사람이었던 이○○의 사건이 믿기지 않았습니다. 그리고 저만큼이나, 아니 그보다 더, 사건을 제게 이야기하는 피고인도 너무나 괴로워 보였습니다. 그는 제게 제발 옆에 남아서 자신을 욕하고 꾸짖고 또다시 잘못하지 않도록 가르쳐 달라고 부탁했습니다.

그는 이후로 같은 실수를 또다시 하지 않도록 철저히 변화했습니다. 친구들이 모두 모여 마시고 즐기는 분위기에서도 술을 일절 손에 대지 않습니다. 재판장님, 저는 그가 자신의 잘못을 스스로 용서하지 못하고 끔찍하게 괴로워하고 있다는 것을 옆에서 너무나 잘 지켜보고 있습니다. 부모님을 잃은 고통을 그래도 건전하고 건강하게 이겨 내는 모습을 옆에서 보아 왔으나, 이번 사건으로 견디지 못해 약에 의존하고 있습니다.

그리고 그는 그의 삶을 지탱하고 있는 마지막 희망인 약혼녀를 잃게 될 공포감에 시달리고 있습니다. 이○○에게는 작년 여름부터 교제해온 그의 전부라 해도 과언이 아닌 약혼녀가 있습니다. 부모님을 잃은 뒤 가까스로 다시 꾸리게 되는 꿈만 같은 가정이었기에 모두가 ○○했습니다. 지금 그 약혼녀는 재판 이슈와 과정을 알면서도 그의 옆에 함께해 주고 있으나, 만약 그가 구속된다면 그녀마저 잃게 됩니다.

재판장님, 무너질 듯한 그의 모습에 그가 혹 자신 스스로를 해치는 잘못된 선택을 할까 두렵습니다. 제발 피고인에게 그가 감당할 수 있는 선에서, 사회인으로서 자신의 잘못을 뉘우치면서 살 수 있도록 기회를 주십시오. 피고인이 부족할 때면, 그리고 위태로울 때면, 옆에서 조언하고 다독여서 사회에 좋은 밑거름이 되는 사람이 될 수 있게 함께 하겠습니다. 피고인을 혼자 두어 스스로에게 혹독한 짓을 하거나 어떤 잘못을 하지 않도록 함께 하겠습니다. 재판장님 제발 선처를 간고히 부탁드립니다.

바쁘신 가운데에도 시간 내어 탄원서를 읽어 주셔서 감사드립니다. 재판장님!

○○○○년 ○월 ○일

탄원인 이○○ 올림

탄원서

- **사건명: 강제추행치상**
- **피탄원인: 이○○**
- **탄원인: 김○○**

저는 ○○와 오랫동안 가까이 지내온 ○○ 자매입니다. 현재 ○○ 앞에 위치한 한 ○○회사에서 근무하며 ○○대학교 대학원에서 ○○ 논문 집필 중에 있는 대학원생이기도 합니다.

이 사건에 대해 그동안 지켜만 보다가, 이제 와서야 믿기지 않고 믿을 수 없는 현실 앞에 황망한 마음으로 탄원을 드립니다. 냉혹한 현실을 모르고 탄원까지 필요치 않을 거라 믿었던 제가 결국 벼랑 끝에 선 마음으로 펜을 들게 되어 더욱 비통한 심정입니다.

제가 보아 온 ○○는 누군가 어려움을 당하면 함께 아파할 정도로 공감능력이 뛰어나며 마음이 선하고 정의감이 넘치는 사람입니다. 평소 몸가짐이 정갈하고 질서 있는 생활로 모범이 되어 왔을 뿐 아니라 철저한 자기 관리와 바쁜 일상 속에서도 웃음과 따뜻한 인간성을 잃지 않은 참 보기 드문 훌륭한 젊은이입니다. 사랑이 많으신 부모님 아래 성장했고, 비록 학업 중 병환으로 부모님을 고통 속에 여의었지만 ○○ 어른들과 학교 교수님들이 어버이되고 학우들이 형제 자매되어 부족함 없는 사랑을 받아왔기에 그의 중심에는 폭력이라는 것이 자리 잡을 틈이 없었습니다.

지난 세월 제가 아는 사실 안에서 ○○는 남학생치고는 눈물이 많아 찌질할지언정, 누군가에게 강제적인 힘을 가해 상처를 입힐 수 있는 사람이 못 됩니다. 제가 개인적인 문제로 견딜 수 없이 힘들었던 그때도 옆에서 함께 울어 주어 놀라게 했던 ○○입니다. 부디 진실에 대한 열망과 지적 호기심이 많은 한 청년의 앞날을 함께 걱정해 주세요. 부디 많은 이들의 삶과 연결되어 있는 그이 삶이 파괴되지 않도록 도와주십시오. 한 자 한 자 간절한 ○○로 적는 마음을 외면하지 말아 주시길 간곡히 부탁드립니다.

김○○ 올림

탄원서

- 사건명: 강제추행치상
- 피고인: 이○○
- 탄원인: 김○○

〈탄원 취지〉

존경하는 재판장님,

먼저 사법적 정의를 위해 일하시는 재판장님의 노고에 존경의 마음을 보내드립니다. 저는 피고인 이○○와 가까운 ○○ 선배로 현재 ○○시에서 사회복지직 공무원으로 일하고 있는 김○○입니다. 이○○와는 4년 전 ○○에서 만났습니다. 그는 대학원생이었고 저는 그보다 거의 ○○살이나 많지만 또래 선후배들과 자주 만나 어울렸고 지금까지 가까이 잘 지내고 있습니다. 이 사건에 대해 전해 듣고 안타까움을 금할 길 없어 평소 제가 겪고 보아 온 이○○에 대해 말씀드리고 선처를 구하고자 합니다.

〈탄원 내용〉

 제가 피고인 이○○를 알고 지내면서 인상적이었던 것은 먼저 그가 자신에게 성실하고 타인에게 배려 깊은 사람이라는 점과 돌아가신 부모님에 대한 애정이 매우 남다르다는 점이었습니다. 당시 이○○는 대학원 논문을 준비하고 있었고, 이후 ○○○의 인턴생활, ○○으로의 유학까지 가장 분주하고 중요한 시기를 보내고 있었습니다. 하지만 이 모든 상황을 홀로 해결해 나가느라 힘들었을 텐데도 늘 세상의 정의와 현실적 문제를 진지하게 관찰할 줄 알면서도 균형을 잃지 않았으며, 나이나 성별 구분 없이 잘 어울려 누구에게나 정직하고 신뢰받는 친구였습니다. 저는 직업상 힘든 상황을 겪은 분들을 자주 만나기 때문에 이○○처럼 힘든 환경에도 불구하고 타인에게 따뜻하고, 자신에게는 강인한 모습을 지니는 것이 얼마나 어려운지 잘 알고 있습니다. 그래서 그는 제가 누구보다 사랑하고, 가장 신뢰하는 후배입니다.

 이○○는 늘 독서와 공부가 주된 관심사였지만 삶과 분리된 현학적인 말들이 아니라 일상에서 자연스럽고 재미있게 접목할 줄 아는 유연함을 지녔습니다. 그래서 처음에는 주변의 도움 없이 좋은 대학에서 공부하고, 유학까지 어려움 없이 혼자 해결하고, 인문학적인 관심사와 사람에 대한 친밀감까지 갖춘 그를 보며 영민함을 타고났다고 생각했습니다. 하지만 곧 그것은 이○○의 매우 정제된 성실성의 결과임을 알게 되었습니다. 왜냐하면 가끔 연락을 하면 집이든 도서관이든 읽고 있는 책이나 논문 자료 사진을 보내기 일쑤였고, 그의 SNS에는 요즘 흔한 젊은이들의 허영 대신 읽고, 쓰고, 생각한 것을 공유하기 위한 글들로 가득했으며, 그 모든 바쁜 상황 속에서도 사람들과 오랜 시간 지적인 대화를 게을리하지 않는 것을 보고 세삼 그의 부지런함과 성실성이 초인적인 노력에 의한 것임을 알 수 있었습니다. 가끔 함께 술자리를 함께 한 적도 있었지만 그는 중요한 공부를 해야 할 때는 자제할 줄 아는 모습을 보였고, 흔한 성적인 농담도 들어 본 적이 없었습니다. 오히려 술 마시는 자체보다 철학적 토론하는 일을 즐겼기 때문에 연애를 못하는 것이 당연하다고 놀림을 받을 정도였습니다.

또한 그는 학문에 경도된 이들이 흔히 보이는 편협함이 없었고, 소통할 줄 아는 친구였습니다. 그는 본인이 만난 다양한 분야의 친구들을 서로에게 소개하는 일도 많았는데 처음 만나는 이들도 이○○를 안다는 공통점 하나로 금방 친구가 되었고, 관심 있는 책과 삶의 철학을 깊이 나누는 행복한 모임이 되곤 했습니다. 그런 경험을 통해 제가 아는 이○○가 내가 보고 느낀 그대로 어디서나 일관된 성품을 지녔으며, 왜곡됨 없이 주변 사람들에게 사랑받고 있는 친구임을 확인할 수 있어서 자랑스러웠습니다. 여럿이 토론을 하다 보면 예민한 주제들이 오갈 때도 있었지만 그가 상대방의 기분을 상하게 하거나 배려 없는 행동을 하는 경우를 거의 본 적이 없었습니다. 오히려 늘 유쾌하고 사려 깊을 뿐 아니라 스스로를 잘 통제할 줄 아는 친구이기에 이 사건이 벌어진 정황을 듣고 더욱 안타까웠습니다.

또 한 가지는 이○○가 사건 당일 부모님 영상을 보고 몇 시간을 울다가 일어난 일이라는 점에 대해 깊은 이해를 부탁드립니다. 이○○는 평소 돌아가신 부모님에 대해 자주 언급하고 삶의 중요한 부분으로 이야기하곤 했습니다. 저를 포함한 친한 지인들은 ○○어머님의 여고생 시절 사진을 함께 봤고, ○○가 아버지를 따라 해군으로 군 생활을 했다는 것도 알았으며, 부모님의 뜻에 따라 공부를 지속하고자 한다는 것을 알았습니다. 특히 저는 앞에서도 언급했듯이 사회복지 업무를 하기 때문에 ○○의 언행에 더 관심을 가졌고 처음에는 돌아가신 분들을 자주 언급하는 것이 걱정스럽기도 했습니다. 하지만 가까이에서 지켜보다 보니 그가 가지는 삶에 대한 성실성과 긍정적 삶의 이유가 됨을 이해하게 된 후로는 걱정하지 않았습니다. 때로는 그리움으로, 때로는 아이 같은 순수함으로 부모님에 대한 애틋함을 표현하는 ○○를 보면 여전히 사랑받고 있는 아들로 살 수 있는 원동력임을 알 수 있었습니다. 비록 돌아가셨지만 그리워하고 존경하는 부모가 있다는 것은 더 없이 소중한 일이고, 슬픔을 이기는 힘이 된다는 것을 알기에 때로는 제가 더 큰 위로를 받기도 했습니다.

어떤 이는 돌아가신 부모님 사진, 영상을 지니고 다닌다든가 친구들에게 보여 주고, 부모님 생각에 몇 시간을 울었다는 말에 의아할 수도 있지만, 저는(아마도 그를 아는 지인들 또한) 충분히 이해할 수 있을 만큼 자연스러운 일이었습니다. 어머님의 안타까운 투병생활, 아버님의 헌신적인 보살핌과 두 분의 갑작스러운 죽음까지…… 이○○가 말 할 수 없는 절망과 고통의 터널을 지나왔음을 너무도 잘 알았고, 철이 들면서 그 당시에는 어려서 다 이해할 수 없었던 두 분의 고통과 사랑을 이해하게 될수록 더욱 절절하게 아픔을 느끼는 것 같았습니다. 하지만 그동안 이○○가 홀로 삶의 모든 부분에서 너무도 잘 해내고 있었기에 그 애통함이 점점 더 깊어 가는 것을 헤아리지 못해 너무 미안했고 제가 좀 더 편히 기대어 울 수 있는 사람이 되어 주었다면 이런 일이 일어나지 않았을까…… 하는 후회 때문에 잠을 이루지 못했습니다. 최근 이○○는 어머니 자서전을 쓰면서 깊은 반성의 마음으로 하루하루를 지내고 있고, 스스로를 치유하고 속죄하는 마음으로 진지하게 성찰하고 있습니다.

이러한 노력을 감안하여 다시 학생으로서, 건강한 사회의 일원으로서 책임감을 가지고 살아갈 수 있도록 도와주시기 바랍니다. 저도 이 사건을 계기로 이○○가 더욱 의지할 수 있는 선배가 되어 주고, 다시는 이러한 일이 없도록 돌봐 주고 노력하겠습니다. 비록 취중에 일어난 일이 모두 예외가 될 수는 없지만, 평소 위와 같은 이○○의 모습을 미루어 볼 때 이 사건이 의도적인 것이 아님을 믿어 주시기를 바라고, 누구보다 반듯한 청년으로서 타인을 존중할 줄 알았던 그의 품성을 진심을 다해 전해 드리니, 부디 이 점을 고려하여 재판장님의 선처를 부탁드립니다.

○○○○년 ○월 ○일

탄원인 김○○

탄원서

- **사건명: 강제추행치상**
- **피고인: 이○○**
- **탄원인: ○○○**

존경하는 재판장님께.

  다사다난했던 한 해가 저물어 가고 있습니다. 차가워지는 날씨만큼이나 어려운 나라상황에 무거운 마음으로 맞이하는 송년입니다. 사법정의 실현을 위해 노력하시는 재판장님의 노고에 깊은 존경과 감사의 말씀을 올리며 특히 건강에 유념하셔서 강건함 잃지 않으시길 기원 드립니다.

  저는 ○○에서 ○○○○을 하고 있는 ○○○이라고 합니다. 이렇게 송구스러움을 무릅쓰고 글을 올리게 된 이유는 저와 가깝게 지내던 한 사람에 대한 변명의 시간을 갖고자 해서입니다.

  재판장님의 짐을 덜어 드려도 모자랄 텐데 송구스러운 마음과 함께 드리는 짧은 글이니 뿌리치지 마시고 읽어 주시면 감사하겠습니다.

존경하는 재판장님,

정의의 여신상이 눈을 가리고 있는 까닭은 만인을 평등하게 법의 잣대로만 판단하고자 하는 이유도 있겠지만 때로는 눈이 아닌 마음으로 판단해야 할 때도 있기 때문이라고 들었습니다.

지은 죄에 대해서는 엄하게 그 책임을 묻는 것이 마땅하겠지만 혹여 재량의 여지가 있다면 너그러우신 관용과 아량으로 많이 뉘우치고 있는 ○○○에게 부디 선처를 베풀어 주시길 간고히 부탁드립니다.

송구스럽고 감사한 마음으로 글을 마칩니다.

저물어 가는 ○○○○년 ○월에

○○○ 드림

탄원서

- **사건명: 강제추행치상**
- **피의자: 이○○**
- **고소인: 김○○**
- **탄원인: 고소인 부모**

존경하는 검사님,

공정한 법 집행을 위해 애쓰시는 검사님께 경의를 표합니다. 저희는 고소인 김○○의 부모입니다. 피해자의 부모로서 현재 저희 가족 모두가 겪고 있는 정신적, 육체적 고통과 ○○의 빠른 회복을 위해 피의자 이○○에 대한 공정하고 엄중한 처벌을 간곡히 부탁드리기 위해 이 글을 올립니다.

저희 딸(피해자 김○○)는 한국 ○○대학교에서 학·석사를 마치고 ○○연구원에서 연구원으로 재직하다 ○○○○에 대한 더 깊은 공부를 위해 ○○○○년 ○월부터 ○○ ○○대학 ○○학과 ○○과정에 재학 중에 있습니다. 그러나 ○○○○년 ○월 ○○대학 기숙사에서 한국인

동기생 이○○으로부터 입에 담을 수도 없는 ○○○을 당하였고 ○○
대학교에 신고를 하였으나 조사 과정 동안 혼자서 극심한 정신적 심리
적 고통을 겪어 ○○ 정신과 의사로부터 외상후증후군 판정을 받고 정
신과 치료를 받았습니다. 혈혈단신으로 학업을 이어 가려 노력하였으
나 이를 견디지 못하고 결국 귀국하였습니다.

○○는 수치심과 창피함으로 부모인 저희에게는 본인의 상황에 대해
전혀 알리지 않고 있다가 ○월 초 ○○대학 학기 개강을 앞두고 다시
○○에 돌아가서 가해자인 이○○와 같은 ○○대학에서 공부를 하게
될 것에 대한 두려움으로 ○○에서 처방받아 가져온 정신과 약물을 과
다 복용하여 ○○년 ○월 ○○일 ○○대 병원 응급실로 가서 입원하게
되었고, 이때 저희는 ○○에서 벌어진 사건에 대해 처음 알게 되었습니
다.

당시 정신과 주치의 교수님이 치료를 위해서 정확한 경위에 대한 파
악이 중요하다며 피의자 이○○와의 만남을 원하셔서 저희는 카톡을
통해 이○○와 어렵게 연락을 하게 되었고, 이○○는 본인이 바빠서 시
간이 없다며 밤 10시 이후에나 가능하다고 하여 ○○년 ○월 ○○일 병
원에서 저희 부부만 이○○를 만나게 되었습니다.

이○○는 병실을 방문하자마자 저희에게 모든 것이 본인의 잘못이라
며 저희 ○○을 위해 최선을 다하겠다고 하였습니다. 피해자의 아버지
인 저는 현재 ○○○에서 ○○○○으로 근무하면서 ○○○○위원회를
운영하고 있으므로 성에 관련된 사건이 개인의 일생을 어떻게 망치는

지 잘 알고 있습니다. 교육부 지침에도 성추행 교원은 즉시 해임 이상의 징계를 하게 되어 있으며 저희 학교에서도 최근 2명의 교원이 해임되었습니다. 저희는 ㅇㅇ으로서 피의자 이ㅇㅇ도 ㅇㅇ에서 ㅇㅇ과정에 재학하여 교수가 꿈인 학생이고 저희가 고소를 하면 이러한 사실이 알려져 향후 대학교에서 자리를 잡기가 어려울 것을 알았고 이ㅇㅇ가 전학을 가면 고소를 하지 않겠다고 하였습니다. 이ㅇㅇ는 본인이 저지른 일로서 피해자의 회복이 중요하니 전학을 가겠다고 하였으며 그 후 며칠간 사죄와 전학에 대한 공증을 하겠다는 문자메시지를 보내 왔습니다.

그러나 본인의 전학에 대한 구두 약속에 대한 공증을 위한 두 번째 만남에서는 자신의 친척을 대동하여 본인은 자리를 피한 상태에서 친척을 통해 '여자친구였으므로, 전혀 잘못이 없으므로 전학을 못 가겠다, 증거가 있느냐'라고 태도를 바꿈으로서 저희 딸은 극심한 억울함에 ㅇㅇ에 가져가려고 처방받은 ㅇㅇㅇ치료제를 허용 용량 200배를 복용하여 심정지 상태에 빠졌다가 심폐소생술과 중환자실 치료로 기적적으로 살아났습니다. 나중에 주치의 교수님 말씀으로는 약물과다복용은 불안함과 억울함을 극복하기 위한 외상후증후군의 전형적인 증세라고 합니다. (중략)

검사님께 호소합니다.

지성인이라는 거짓 타이틀로 성폭력을 행사하고도 ㅇㅇ에서 벌어진 일이라며, 증거가 있냐며, 자신의 잘못을 은폐하고 온갖 악행을 저지르는 이○○와 같은 사람이 세상에서 활개 쳐 다른 피해자가 다시는 발생하지 않도록 검사님께서 본 사건에 대해 중히 여겨주시고 엄정한 판단을 내려 주셨으면 하는 바람입니다.

읽어 주셔서 감사합니다.

○○○○년 ○월 ○일

탄원서

- **사건명: 변호사법위반**
- **피고인: 김ㅇㅇ**

존경하는 재판장님!

피고인은 변호사법위반 등으로 현재 1심 재판 중인 ㅇㅇ구치소 재감인 ㅇㅇㅇㅇ번 김ㅇㅇ입니다. 피고인이 2월의 매서운 바람이 불던 겨울에 구속이 되어 이곳 구치소 생활에 모든 것이 낯설었는데 어느새 봄을 지나 무더운 여름이 되어 힘겨운 생활을 이어 가고 있습니다.

하루하루 이곳에서 피고인의 잘못된 판단과 한순간의 실수와 그릇된 욕심으로 인하여 많은 분들께 심려를 끼쳐 드리고 사회에 물의를 일으켜서 진심으로 사죄드리며 고개 숙여 용서를 빌며 반성의 말씀을 함께 올립니다.

피고인의 갑작스런 구속이 장기간의 시간으로 이어지며 사랑하는 가족을 비롯하여 동료 선후배 그리고 친지분들과 친구들까지 큰 걱정과 우려를 나타내고 있는 이때 풍요롭지는 않았지만 크게 부족함이 없었던 피고인의 생활과 나보다는 남을 먼저 생각하고 도와주었던 피고인의 성품을 스스로 생각할 때 현재의 구속 생활과 계속 이어지는 재판들은 아무리 생각해 보아도 제 자신이 스스로 용납할 수 없는 어리석은 행동의 결과이자 어처구니없는 잘못이었습니다. 거듭 피고인의 잘못된 행동으로 인하여 비롯된 현재의 일들을 자책하며 진심으로 반성하고 있습니다.

존경하는 재판장님!

지난 반성문에서도 피고인이 말씀드렸듯이 본인은 20여 년 동안 ○○○으로 근무하면서 적지 않은 분들의 어렵고 힘든 일을 도와드리고 "교통사고 배상사건"과 "일반사건" 업무를 도와 드리며, 막힌 문제를 풀어드리고 해결해 드려 큰 보람과 자부심을 가지며 생활해 왔습니다. 그러나 피고인의 이번 공소장에도 적시되어 있듯이 "브로커"라는 커다란 오명을 쓰고 이제까지 자부심을 가지고 근무한 피고인의 모든 일들이 한 순간에 무너지고 비난받게 되어 피고인은 너무도 큰 좌절과 깊은 후회를 함께 하고 있습니다. 피고인이 전적으로 잘못하여 이번 일이 일어나서 그 책임을 현재 안고 가고 있지만, 피고인은 "브로커" 일선 변호사 사무장으로서 그 누구보다 법을 준수하고 그 누구보다 솔선수범하여 모범을 보여야 한다는 점 잘 알고 있습니다. 그러나 이번 일로 인하여 피고인의 잘못된 실수가 얼마나 크고 실제로 어떠한 것이었다는 사실도 너무도 잘 인지하게 되었습니다. 이를 악물고 피눈물을 흘리며 참회의 시간도 가지고 있습니다.

　존경하는 재판장님!

　피고인은 현재 심각한 우울증으로 인하여 신경안정제를 매일 저녁마다 복용하고 있습니다. 이 신경안정제가 없이는 단 하루도 마음 편히 잠을 이룰 수가 없습니다. 또한 신경안정제와 더불어 고혈압약과 전립선약까지 함께 복용하며 힘겨운 투병생활까지 하고 있습니다. 이른 아침부터 늦은 밤까지 복용하는 약으로 인하여 피고인은 마음 편히 생활하지 못하는 어려운 생활을 하고 있습니다. 그러나 이 모든 것이 피고인의 잘못된 행동으로 인하여 시작되었기에 조금씩 용기를 내어 이겨내려고 노력하고 있습니다.

　피고인의 갑작스런 구속으로, 현재 사랑하는 아내와 두 딸들의 걱정 근심으로 단란했던 가정생활이 한 순간에 파탄이 나서, 피고인은 그 괴로움과 죄스러움에 참담한 심정입니다. 경제적인 어려움은 둘째 치더라도 곧 결혼을 해야 하는 두 딸들의 긴 기다림과 알 수 없는 미래에 대한 불안감은 한 가정의 가정과 아버지로서는 도저히 용납할 수 없는 죄스러움입니다.

　이 못된 남편 피고인을 대신하여 적지 않은 나이에 파트타임으로 "편의점"에 나가 생활비를 벌고 있는 아내에게 피고인은 고개를 들 수가 없을 정도로 미안한 마음을 금할 수 없습니다. 평생 아르바이트라고는 해 본 적이 없는 아내이었기에 늦은 밤까지 힘겹게 계속되는 편의점 일에 피고인은 그저 걱정과 미안함에 이곳에서 밤잠을 이루지 못하고 있습니다.

존경하는 재판장님!

피고인이 변호사법위반과 뇌물공여 등으로 적지 않은 잘못과 실수를 한 점 잘 인지하고 진심으로 반성하고 있습니다. 피고인의 모든 공소사실을 인정하며 자책과 후회 그리고 심려를 끼쳐 드린 모든 분들께 용서를 빌고 있습니다.

그리고 현재 공동정범인 "이○○" 피고인의 공소사실 부인으로 인하여 현재 재판이 길어지고 끝없는 증인신문 재판으로 인하여 모두가 힘들어하고 있는 사실도 잘 알고 있습니다. 피고인은 진심으로 하루속히 "이○○" 피고인의 솔직한 범행의 시인으로 잘못을 빌며 용서받고 선처를 간절히 구하는 진심어린 반성의 모습을 보이게 될 수 있기를 간절히 ○○하고 있습니다.

피고인의 집과 사무실이 ○○동과 ○○인데 그 먼 ○○까지 이○○ 피고인을 아무런 이유 없이 만나러 갈 이유가 전혀 없었습니다. 피고인은 늦었지만 이번 일을 계기로 그동안의 잘못된 행동과 그릇된 관행을 모두 자백하여 더 이상은 이런 실수를 반복하지 않도록 피나는 결심과 노력을 다 할 것임을 존경하는 재판장님께 감히 약속드리고 또 약속드립니다. 피고인이 그동안 "관행"이었다는 그릇된 행동과 생각으로 이런 일이 일어났다는 사실을 충분히 인지하며 진심으로 반성하고 있는 만큼 앞으로는 어떠한 위법과 잘못된 관행을 철저하게 차단하며 법을 철저히 준수하도록 힘쓰겠습니다.

존경하는 재판장님!

피고인이 현재 진심으로 반성하고 참회하고 있으며 모든 잘못을 하나도 빠짐없이 자백하고 있는 만큼 피고인의 이러한 모습을 가엾이 생각하고 깊이 헤아려 주셔서 하루속히 피고인이 사회에 복귀하여 조금이라도 이바지할 수 있는 기회를 주시기를 감히 간곡하게 탄원 드립니다. 그리고 현재 너무도 힘들어하고 있는 사랑하는 가족의 품으로 속히 들어갈 수 있도록 존경하는 재판장님의 관대하고 너그러운 선처가 피고인에게 내려 주시기를 진심으로 부탁드리며 엎드려 탄원 드립니다. 앞으로는 그 어떠한 달콤한 유혹과 부탁 제의에도 단호히 거절하며 절대 한눈팔지 않는 모범의 모습을 꼭 보이겠습니다. 물의를 일으켜서 진심으로 사죄드리며 진심으로 용서를 빕니다. 잘못했습니다.

존경하는 재판장님의 무궁한 발전을 기원하며 두서없는 탄원서는 마치도록 하겠습니다. 감사합니다.

○○○○년 ○월 ○일
○○구치소 재감인 ○○○○번 김○○올림

탄원서

- 사건명: 변호사법위반
- 피고인: 김○○
- 탄원인: 정○○

저는 김○○과 거의 25년 알고 지낸 지인입니다. 한동안 연락이 되지 않아 무슨 일이 있는지 걱정하던 차에 최근에서야 영어의 몸이 되었다는 사실을 알게 되었습니다. 자세한 사연을 알 수가 없었지만 김○○과 관련하여 불행한 일을 겪고 있다는 애기를 들었습니다. 두 사람을 모두 잘 아는 저로서는 당황스런 일입니다. 두 사람이 처음 만난 것도 저를 통해서였습니다. 저와 김○○과 ○○년 초반 같은 회사에서 근무하였고 저를 만나기 위해 회사를 방문한 이○○이 우연히 인사를 나누면서 두 사람의 인연이 시작된 것입니다.

존경하는 재판장님,

단적으로 애기하자면 제가 아는 김○○은 절대 남에게 해를 끼치지 않는 사람입니다. 다소 결벽증에 가까운 성격이라 완벽한 것을 좋아하고 남의 것을 탐하는 상황을 누구보다 싫어하는 사람입니다. 김○○은 독실한 ○○○○로 항상 명상하면서 욕심을 부리면 화가 미친다는 말을 누누이 해왔던 터라 저는 이 상황을 이해할 수가 없습니다. 25년간 봐 온 김○○은 사실 법 없이도 살 분이라는 확신 때문입니다. 하지만 두 사람을 모두 아는 저로서는 두 사람이 연루되었다는 소식에 한마디로 '역시'였습니다.

이○○의 인간성은 참 좋은 친구입니다. 한마디로 착한사람입니다. 하지만 업무적으로 들어가면 다소 무리수를 둡니다. 거짓말을 자주 하고 일을 잘한다는 소리를 듣고 싶어서인지 뻥이 심한 친구입니다. 예를 들어 회사 실적이 1이면 다른 사람에게 10이라고 얘기하는 스타일입니다. 이로 인해 회사는 물론이고 주변사람들이 손해를 자주 보는 편입니다. 주변 사람이 어려움에 처하면 어떤 방식으로든 도와야 한다는 의식이 강한 김○○이 이○○의 거짓말에 속지 않았을까 저는 의심합니다. 두 사람을 잘 아는 저의 합리적인 의심입니다.

존경하는 재판장님,

김○○이 ○○구치소에 있다는 소식을 듣고 면회를 가 보려 했는데 김○○은 가족은 물론이고 어느 누구의 면회도 사절하고 있다고 합니다. 이 사람이 김○○입니다. 옥살이를 하는 자신의 모습을 보여 주고 싶지도 않고 또 가족이라 하더라도 자신으로 인해 폐 끼치는 것을 극도로 싫어합니다. 저는 김○○이 욕심을 부린 것이 아니라 이○○를 도와주려다가 어떤 늪에 빠진 것이 아닌가 확신하고 있습니다. 바라옵건대

불우한 이웃을 보면 팔을 걷고 나서는 김○○이 사회에서 더 많은 선행을 할 수 있도록 재판장님의 현명한 판단을 해 주실 것을 바랍니다.

○○○○년 ○월 ○일

탄원인 정○○

탄원서

- 사건명: 변호사법위반
- 피고인: 김○○

　피고인은 변호사법위반 등으로 현재 1심 재판 중인 ○○구치소 재감인 ○○○○번 김○○입니다. 먼저 피고인의 잘못으로 인하여 많은 분들께 실망을 안겨 드리고 사회에 큰 물의를 일으켜서 진심으로 잘못을 뉘우치며 머리 숙여 용서를 구합니다. 피고인이 진심으로 잘못했습니다. 죄송합니다.

　피고인이 한 순간의 판단 실수와 욕심으로 이번 일이 비롯되어 사랑하는 가족을 비롯한 직장 선후배 동료들 그리고 친지 및 친구들에게 큰 실망과 걱정을 끼쳐 드려서 그 부끄러움에 어느 한 순간도 제대로 고개를 들지 못하고 있습니다. 하루하루 이곳 구치소에서 참회하고 끊임없이 반성하며 또 반성하는 시간을 가지고 있습니다.

　현재 피고인은 지난 2월부터 시작된 구속생활로 인하여 남모를 고통을 지니며 힘들게 지내고 있습니다. 혈압약, 전립선약, 그리고 정신과 처방을 받은 신경안정제를 매일매일 복용하고 있습니다. 특히나 신경안정제 없이는 밤잠을 이루지 못할 정도로 극심한 불안과 우울증에 시달리고 있습니다. 그러나 이 모든 고통과 아픔이 피고인 스스로 자초한 일이어서 어떡하든 이겨내고 조금씩 나아지도록 부단히 노력하고 애쓰고 있는 것이 피고인이 처한 현실입니다. 이를 악물며 하루하루 힘겹게 버티고 있습니다.

존경하는 재판장님!

피고인은 제 스스로 저지른 잘못과 실수를 진심으로 뉘우치며 반성하며 씻을 수 없는 잘못을 용서를 받고 싶은 마음 너무도 간절하고 또 간절합니다. 어떠한 이유에서라도 쉽게 용서받을 수 없겠지만 참회하며 후회하는 진심어린 반성의 마음으로 모든 분들께 잘못을 지금이라도 늦었지만 용서 받고 싶은 마음 가득합니다.

탄원서

- **사건명: 변호사법위반**
- **피고인: 임○○**
- **탄원인: 신○○**

존경하는 재판장님!

저는 피고인 임○○의 처 신○○입니다. 지난 목요일 저는 아이를 안고 재판을 참관하면서 많은 생각을 했습니다. 우리 남편이 정말 죄를 지었구나…… 벌을 받아야 하는구나…… 그러나 또 한편으론 저기 계신 판사님이 제발 나와 우리 아이들을 살려 주셨으면 좋겠다……

재판장님, 저희 남편은 어릴 때 홀로 서울로 올라와 온갖 고생을 하며 형편이 좋지 않으신 부모님과 동생을 책임져 왔고 결혼 후엔 저와 두 아이를 위해 일하느라 하루도 맘 편히 살았던 적이 없습니다. 그 어깨의 무게가 그를 옳지 못한 방향으로 이끈 것 같아 가슴이 너무 아픕니다.

사람을 지나치게 믿으며 인간관계를 너무도 중요시하는 남편과 저는 결혼 초기에 많이 싸우곤 했습니다. 구속되어 있는 상황 속에서도 다른 친구들을 걱정하고 눈물 흘리는 그를 보며 주위 사람들은 아직도 정신을 차리지 못했다고 말합니다. 여리고 정이 많은 착한 사람인 걸 제일 잘 아는 저이기에 저는 남편을 믿습니다. 그는 비록 살기 위해 자신을 도와준다는 누군가에게 뇌물을 건넸을지 모르지만 그것이 그렇게 큰 죄인지 모르고 지은 죄입니다. 물론 모르고 지은 죄도 당연히 벌을 받아 마땅합니다.

그러나 판사님, 죄를 짓고 죄책감에 시달리며 모든 걸 다 밝히겠다고 마음먹었던 두 딸의 아빠 임○○에게 제발 최소한의 벌을 주십시오, 저는 지난 9개월 동안 왕복 3시간 거리인 구치소로 아이를 안고 접견을 다녔습니다. 50일에 헤어진 아빠의 존재를 그렇게라도 알려 줘야 하니까요. 큰 딸은 아빠가 외국에 일하러 간 줄 압니다. 아빠가 세상에서 최고인 그 아이에게 차마 사실을 얘기할 수 없었기에 전화 통화조차 못하는 상황에 힘들어하며 겨울만을 기다립니다.

저희 아이에게 겨울은 산타할아버지가 선물을 주는 크리스마스도 눈썰매장을 가는 날도 아닌 아빠가 오는 날입니다. 제발 그렇게 일 년을 기다린 아이에게 절망을 주지 말아 주십시오, 제가 그 아이에게 아빠는 이번 겨울에 우리 곁에 오지 못한다는 힘든 말을 하지 않게 제발 도와주십시오. 할 수 있는 일이라곤 매일 새벽 아이를 안고 ○○에 가서 ○○를 하는 것과 이렇게 글로 판사님께 살려 달라고 매달릴 수밖에 없는 부족한 저의 글을 읽어 주셔서 감사합니다. 오늘도 반성하며 하루를 살겠습니다.

탄원인 신○○ 드림

탄원서

- **사건명: 변호사법위반**
- **피고인: 임○○**
- **탄원인: 신○○**

존경하는 재판장님, 저는 피고인 임○○ 처 신○○입니다. 오늘도 간절한 마음으로 판사님께 탄원서를 올립니다. 어제는 6살 딸아이의 유치가 흔들려서 발치를 했습니다. 겁이 많은 아이라 아빠가 오면 용기있게 빼겠다며 울고 불고를 반복하다가 세 시간만에 겨우 뺐습니다. 발치보다 더 걱정인 것은 아이의 수술입니다. 대학병원에서 수술을 해야한다는 소견을 받았지만 이를 빼는 것조차 무서워하는 아이는 아빠가오기 전엔 절대로 수술을 하지 않겠다고 울면서 저에게 사정을 합니다. 저 역시 아이의 수술을 혼자 감당할 자신이 없어 남편만을 기다리고 있습니다. 그리고 11월이면 저희 둘째아이가 돌을 맞이합니다. 생후 50일에 떠난 아빠가 자신의 첫 번째 생일 때도 함께 할 수 없고 사진조차 함께 찍을 수가 없습니다. 제발 아이들의 다음 생일 때는 다른 가정의 아이들처럼 축하받고 마냥 행복할 수 있도록 도와주십시오.

저 또한 아이들을 양육하느라 일을 하지 못하는 상태라 경제적으로 많이 힘이 듭니다. 불안합니다. 판사님 제발 저희를 불쌍하게 여기셔서 피고인 임○○를 선처해 주시고 그의 가족들을 살려 주십시오, 반성하는 마음으로 평생을 살겠습니다. 오늘도 간절한 마음으로 탄원서를 올립니다.

탄원인 신○○

탄원서

- **사건명: 변호사법위반**
- **피고인: 임○○**
- **탄원인: 성○○**

존경하는 재판장님께.

존경하는 재판장님, 수많은 사건들에 대해 들어주시고 판단하시는 노고에 존경과 감사의 말씀을 올립니다. 저는 피고인 임○○의 처입니다. 남편이 여러 가지 죄목으로 구속되어 재판을 받기 시작하고 8개월이 지나가고 있습니다. 더운 여름이 지나가고 겨울이 되었고 해가 바뀌었습니다. 남편은 부모형제 그리고 저와 어린 딸들에게 너무나 큰 충격과 실망을 안겨 주었습니다. 어린 딸들은 아빠가 급하게 출장을 간 것으로 알고 있습니다. 하지만 아빠가 기약 없이 오지 않는 것을 이상하게 생각하며 예민해지는 것은 어쩔 수 없는 것 같습니다.

거의 매일 남편 면회를 다니면서 남편이 그곳에서 본인의 삶을 뒤돌아보고 잘못을 반성하고 새 사람이 되어 나오기만을 ○○하고 있습니다. 아내로서 걱정하는 것은 경마라는 도박에서 완전히 빠져 나오는 것입니다. 이 모든 일의 시작이 경마였는데 저는 남편이 취미로 경마를 하는 것을 알고 있었습니다. 그때 남편이 경마에 이렇게까지 깊이 빠져서 이상함을 눈치 채지 못하고 가볍게 여긴 제가 너무나 한심하고 원망스럽습니다.

존경하는 재판장님,

가족과 부모님께 크나큰 실망과 걱정을 안겨드린 점과 공무원으로서의 올바르지 못한 행동을 뉘우치고 있습니다. 거의 매일 남편을 면회하고 있습니다. 남편은 그 동안의 본인의 행동을 반성하고 부끄러워하고 있습니다. 매주 두 딸에게 편지를 쓰면서 아이들을 안심시키려고 노력합니다. 아이들에게 함께 있지 못해 미안한 마음을 전하면서 바르고 새로운 마음으로 살아갈 것을 약속하고 있습니다. 두 딸이 편지를 읽으면서 아빠의 일이 어서 끝나서 집으로 돌아오기를 ○○하고 있습니다. 아빠를 보고 싶어 합니다. 저는 남편이 딸들을 걱정하는 마음으로 부끄러운 과거의 실수를 반복하지 않을 것을 믿고 있습니다.

존경하는 재판장님,

제발 저의 남편이자 두 딸의 아버지, 어리석고 어리석은 임○○의 죄를 판단하심에 안타깝게 여겨주시기를 간청 드립니다. 다시 사회에 나와 바르고 정직하게 선량하게 살아갈 기회를 주시기를 간절하게 바랍니다. 제발 재판장님께서 남편의 잘못을 선처해 주시기를 간청 드립니다.

이름: 성○○

탄원서

- **사건명: 변호사법위반**
- **피고인: 임○○**
- **탄원인: 임○○, 나○○**

존경하는 재판장님!

국민의 단 한 사람이라도 억울함이 없도록 하시기 위하여 연일 재판 업무에 얼마나 노고가 많으십니까. 저는 피고 임○○ 아버지 임○○입니다. 1심 재판부에 이어 항소심 재판부에서도 애타는 심정으로 재판장님께 호소 드립니다.

먼저 크게 잘못한 아들 ○○이를 용서하여 주시기 바랍니다. 따지고 보면 부모로서 자식교육 제대로 못 시킨 책임이 너무나 크옵니다. 부모에게 책임을 많이 주시옵고 부모 또한 용서하시여 따뜻한 가족 품으로 보내 주시면 부모로서 앞으로 정성을 다하여 모범된 사회인으로 거듭날 수 있게 책임지고 교육시켜 나갈 것을 굳게 약속드립니다.

부인과 어린 두 딸들, 그리고 부모형제들의 어려움을 헤아리시옵고 용서하시고 선처하여 주시기를 간곡히, 간곡히 요청 드리는 바입니다. 피고 ○○이가 어쩌다가 ○○에 빠져 ○○○으로서 관계되는 업체들에게까지 돈을 빌리는 있을 수 없는 큰 잘못을 하였습니다. 못난 자식 ○○이 때문에 아버지로서 재판장님에게 참으로 죄송하고 면목이 없습니다. 진심으로 사죄를 드립니다.

　현재 피고 임○○은 크게 잘못한 만큼의 벌로, 구속과 함께 ○○○ 신분의 파면이라는 두 가지 벌을 함께 감당하고 있습니다. 재판장님, 예상되는 ○○○ 파면이라는 가혹한 벌로 최소한의 책임을 감내케 하여 주시옵고, 용서하시어 가족과 함께 새로운 마음으로 사회생활의 모범된 일꾼이 되도록 선처하여 주시기를 다시 한번 간곡히 요청 드리는 바입니다.

　존경하는 재판장님!

　전체적으로 피고 임○○은, ○○○으로서 크게 잘못을 인정하고 반성하면서 감옥에서 참회의 눈물로 항소심 재판부에 용서를 구하고 있습니다. 거듭 거듭 간절한 마음으로 호소 드립니다. 피고 ○○이와 가족, 어린 두 딸 등 그리고 어머니는 양 무릎 관절수술로 면회도 못하며 한숨으로 나날을 보내고 있는 가족들의 현실 등, 많은 어려움을 헤아리시옵고 용서와 선처를 간곡히 요청 드리는 바입니다.

이에 탄원서를 제출합니다. 감사합니다.

ㅇㅇㅇㅇ. ㅇ. ㅇ

탄원인 피고 임ㅇㅇ 아버지 임ㅇㅇ, 어머니 나ㅇㅇ

탄원서

- **사건명: 변호사법위반**
- **피탄원인: 임○○**
- **탄원인: 추○○**

존경하는 재판장님.

저는 피탄원인의 형수 추○○입니다. 추운 날씨에도 불구 격무에 시달리느라 노고가 많으시지요? 제 평생 이런 탄원서를 보내리라고는 생각도 못했는데 두 번째 탄원서를 쓰게 되었습니다. 저는 도련님이 가족들에게 큰 상처를 주고 ○○○로서 부적절한 행위를 한 것에 대해 큰 실망과 미움의 마음이 듭니다. 너무나 평범하게 갈 길을 가면 됐을 인생인데 왜 그런 어리석은 짓을 해서 부인과 어린 두 딸에게 상처를 주었을까 생각할 수록 안타깝습니다.

도련님과 수차례 서신을 주고받으면서 느낀 점은 처음에는 도련님이 상황에 대한 인식을 하지 못하고 당황하고 억울하다는 입장을 많이 보였지만 시간이 갈수록 죄를 뉘우치고 후회를 하고 미래를 걱정하고 있는 모습을 보이고 있다는 점입니다. 저는 공무원입니다. 공무원들이 일할 때 문제를 만들지 않기 위해 얼마나 노력하는지, 심사숙고하는지 알기 때문에 처음 도련님 얘기를 들었을 때…… 하지만 도련님은 지금 정말 많이 반성하고 있습니다. 본인이 차마 입 밖에 내지 못하는 후회나 자책은 말해 무엇 하겠습니까?

가사가 전업인 부인과 어린 두 딸의 생계가 막막해진 상황에서 하루라도 빨리 나와야 생계가 해결됩니다. 지금은 부모님께서 근근이 도와주시고 계시지만 늙은 부모님이 언제까지 해 주실 수는 없는 일이며, 형제들은 다들 도와줄 여유가 없습니다.

게다가 도련님이 구속되었을 때 어린 두 딸에게는 인사도 못하고 들어갔습니다. 딸들은 이제 시간이 너무 많이 흐르자 뭔가 이상하다고 생각하기 시작했고 아빠를 많이 그리워합니다.

도련님이 한 행동은 너무나 어리석었고 많은 걸 잃게 했습니다. 지금 충분히 뉘우치고 후회하고 있습니다. 이제는 가족들에게 돌아와 사죄를 하고, 가장으로서 책무를 다해야 할 시간입니다. 선처를 베푸시어 구치소 안이 아니라 밖에서 평생 죗값을 치르면서 속죄하는 마음으로 살게 해 주십시오. 감사합니다.

탄원서

- 사건명: 변호사법위반
- 피고인: 임○○

존경하는 재판장님.

연일한파가 기승을 부리고 있는 가운데, 어느새 절기상으로 봄의 시작을 알리는 "입춘"과 비가 내리고 싹이 튼다는 "우수"가 지났습니다. 기나긴 1년여의 구속기간을 통해 지난날의 생활에 무엇 하나 소중하지 않을게 없다는 것을 알게 되었습니다. 나보다는 아내와 자식의 안녕이 중요하단 것을 알게 되었고, 이 사회와 유기되어 고통받는 삶이 얼마나 허접하고, 힘겨운지를 깨닫고 참회하는 마음으로 저의 죄에 대하여 반성하고 있습니다.

사랑하는 자식들의 미래, 사랑하는 아내의 궁핍한 생활을 해결해 주어야 할 처지에 있지만, 어느 것 하나 약속할 수 없는 상황이 막막하고 답답하기만 합니다. 이 모든 세찬 상처들이 나 혼자의 고통으로 끝나는 게 아니라 저의 가족 전체의 고통으로 다가오고 있다는 게 무엇보다 괴롭습니다. 아내는 아내대로 당하는 고통이 저와는 비교가 안 될 정도일 것을 모르지 않아 생각만 해도 불쌍하고 가엾기만 합니다. 이 모든 것이 저의 위법한 행동에서 비롯된 것이라는 자책감 속에서 하루하루를 반성하면서 생활하고 있습니다.

이곳에 구속되기 전 저희 가족은 무척이나 행복한 가정이었습니다. 항상 저녁을 함께 먹기 위해 가족끼리 노력하였고, 주말은 항상 딸아이를 즐겁게 해 주기 위해 고민하였습니다. 퇴근 후 주차장에서 아내와 딸아이를 만나는 설렘에 손에 간식을 들고 뛰어가기도 했습니다. 아내를 사랑합니다. 그런 아내를 만나 저에게 온 딸아이 역시 제 목숨보다 사랑합니다. 가족의 행복이 곧 저의 행복이었습니다. 누구보다 행복한 가정을 만들기 위해 노력하였습니다. 가정이 주는 행복과 평온함을 깨뜨리지 않기 위해 최선을 다했습니다.

그런 사랑스런 가족에게 부정하여 얻어진 것으로 먹이고 입히고 싶지 않았습니다. 고심 끝에 제가 하는 일에 대해 부정한 부분을 아내에게 고백하였고, 힘들겠지만 다른 것을 찾아보겠노라 얘기했습니다. 언제까지일지 모르는 기약 없는 경제적 어려움을 견뎌야 함에도 불구하고 저의 뜻을 지지해 주었고 정신적으로, 금전적으로도 물심양면으로 도와주었습니다. 그런 아내가 있었기에 전 더 이상 부정으로 취득한 것이 아닌 적더라도 정직하게 번 것으로 가정을 꾸릴 수 있게 되었습니다. 예전에 비해 현저히 적어진 수입과 달라진 생활패턴에도 한 번의 불평 없이 행복하다며 작은 것에 기뻐해 주고 감사하는 사랑스런 아내였습니다.

그런 사랑스럽고 행복한 가정을 뒤로한 채 지난 죗값을 치르기 위해 자수를 결심하고 가족과 헤어짐을 결심했을 때의 심정은 세상 무엇으로 표현할 수 없는 처참함이었습니다. 가족은 저의 이상이었고 저의 꿈이었습니다. 이런 가족을 뒤로한 채, 모든 고통의 무게를 아내에게 짊어지운 채 돌아서야 했던 제 자신이 너무나 미웠고, 한심했습니다. 후회해봐야 지난날의 죄가 없어지고 작아지지 않는다는 것을 알지만, 후회와 반성으로 더 이상 죄를 짓지 않으려 했습니다. 힘든 과정을 견디어 낸 가족에게 더 크나큰 기다림의 고통을 주고 말았습니다. 노력하였습니다. 비록 죄인지 모르고 했던 것들이 시간이 지나고서야 죄임을 알았고, 수없는 유혹과 힘듦에도 가족을 생각하며 더 이상은 해서는 안된다고 다짐 또 다짐하였습니다.

예전 브로커라고 불리는 생활을 할 때에는 직원들도 제법 있었고 대우받으며 부족함 없이 지냈습니다. 그런 제가 보험을 팔기란 쉽지 않았습니다. 주위에서 무시하는 듯 했고, 손가락질 하는 듯 했습니다. 하지만. "정"으로 벌 수 있다는 신념으로 버티고 열심히 했습니다. 주위엔 예전에 같이 ○○○○○ 일을 했던 친구들은 점점 더 좋은 집, 더 좋은 차로 저를 흔들었습니다. 다시하면 그와 같은 생활을 할 수 있고, 아내에게 아이들에게 좋은 음식, 좋은 옷을 입힐 수 있다는 유혹이 저를 힘들게 하였습니다. 참고 버텼습니다. 정말 열심히 일했습니다. 실적도 좋아 지점장자리에도 금방 오를 수 있었습니다.

이젠 아내에게, 가족에게 행복만을 줄 수 있을 거라 생각했습니다. 그동안 고생했노라 말하려했지만, 지난날의 죗값을 치루기 위해 또 다시 미안하다, 기다려 달라 말하고 있습니다. 제 아이들과 아내 가족에게 또 다른 죄를 저지르고 있습니다. 하지만, 제 가족은 단 한 번의 원망도 않은 채 저의 죄를 용서해 주었습니다. 미움과 원망을 더 큰 사랑으로 감싸 주며 저에게 새로운 꿈과 희망을 갖게 해 주고 있습니다. 누구보다 저를 미워할 장인, 장모님은 딸아이의 고통의 무게를 직접 보고 나누고 있음에도 저에게 사랑한다, 아들이 아무리 잘못해도 미워할 부모가 어딨냐며 저를 위해 눈물 흘려 주시고, 그리워해 주시며, ○○해 주십니다. 며칠 전 딸 앞에서 한 번의 눈물도 보인 적 없으시던 장인어른이 제가 좋아하는 음식을 보고 눈물을 흘리셨다는 편지내용에 제 가슴을 파내는 듯한 슬픔에 밤새 눈물 흘렸습니다.

살아온 날들로 살아갈 날을 그리지 않겠습니다. 가족이 제 옆에 있는 한 두 번 다시 부정을 하지 않을 것이며, 정직하게 한 걸음 한 걸음 걸어 나가겠습니다. 둘째아이가 태어난 지 50일 즈음 이곳에 왔습니다. 이제 막 세상을 배워 가는 제 둘째에게는 아빠란 존재가 없습니다. 따뜻하게 안아 주지 못한 둘째 아이를 생각하면 가슴이 아픕니다. 큰 딸아이와는 너무나 각별했습니다. 모든 아빠들이 그러하겠지만, 저에게는 너무나 소중하고 예쁜 아이였습니다. 항상 아빠를 응원하였고, 엄마보단 아빠를 더 좋아하며 아빠와 비밀이 더 많은 아이였습니다.

그런 아이에게 기약 없는 약속을 한 후 떠나야 했고, 어린 나이에 감당하기 힘든, 겪지 않아도 될 그리움의 고통을 주고 있습니다. 지금껏 살아오면서 많은 것을 신경 쓰면서 살았습니다. 많은 것들을 놓치지 않으려, 하나라도 놓치지 않으려 애썼고, 그 결과 제 능력 밖의 일들도 놓치기 싫어 부정을 저지르는 상황을 만들고 결국엔 가장 중요한 가족의 손을 놓치게 되었습니다. 가슴에서부터 쏟아져 나오는 내 가족에 대한 미안함과 그리움이 형벌보다 더 큰 고통으로 다가오지만, 이 고통의 순간순간을 교훈삼아 제 인생에서 최악의 시간이 아닌 최고의 시간을 맞이하기 위해 노력하는 시간으로 생각하겠습니다.

　존경하는 재판장님.

　지금의 죄인의 모습이 아닌 그 옛날 행복했던, 딸아이와 놀던 시간이 가장 즐거웠던 온전한 임○○로, 웃음소리가 끊이지 않았던 온전했던 저의 가정으로 돌려 놓는 것이 저의 절실한 소원입니다. 죗값을 모두 치루고 가족과의 만남이 허락되어진 후의 시간은 한 여자의 남편으로써, 두 딸아이의 아버지로써 충실히 살아가며 아이들에게 삶의 근본과 가치를 가르치며 정직하게 살아가겠습니다. 죄에 대하여 진심으로 깊이 반성하고 있습니다. 죄에 대하여 진심으로 깊이 반성하고 있습니다. 부디 저와 제 가족에게 선처와 관용을 베풀어 주시길 간절히, 간절히 부탁드립니다.

○○○○년 ○월 ○일

피고인 임○○

탄원서

- 사건명: 변호사법위반
- 피의자: 임○○
- 탄원인: 성○○

〈탄원 이유〉

존경하는 재판장님!

사법정의를 위해 애쓰시는 재판장님의 노고에 깊이 감사드립니다. 탄원을 드리고자 하는 것은 임○○의 사건입니다. 임○○은 저의 남편입니다. 두 딸아이의 아버지로 평소 예의와 친절을 중요하게 생각했습니다. 저는 부인으로 남편의 직업에 대한 태도와 자세에 대해 잘 알고 있습니다. 남편은 ○○○○으로서 맡은 바 소임에 충실했으며 업체들의 생업을 진지하게 생각했으며 동료와 관계된 분들께 친절함과 성실한 자세로 대했습니다. 법이 허용한 테두리 안에서 친절한 설명과 업체의 어려움을 이해하려는 태도가 오해를 부른 것 같습니다.

오랜 시간 가족에게 말하지 못한 금전적인 문제 때문에 빌리지 말아야 하는 분들에게 돈을 빌렸다고 합니다. 다급한 마음에 빌린 것이지 다른 뜻은 결코 없습니다. 존경하는 재판장님, 이 점을 깊이 살펴 주시기를 간절히 바랍니다. 두 아이가 저녁시간에 들어오지 않는 아빠를 기다리고 있습니다. 아이들이 아직 어리고 자세한 설명을 해 줄 수 없어서 아이들이 불안해하고 있습니다. 제발 불구속으로 조사받게 선처해 주시기를 간청 드립니다. 존경하는 재판장님, 저희 남편 임○○은 성실하게 조사에 임하고 있으며 본인의 행동을 깊이 반성하고 있습니다. 제발 이번 한번만 선처해 주실 것을 간청 드립니다.

○○○○년 ○월 ○일
탄원인 성○○

탄원서

- **사건명: 변호사법위반**
- **피고인: 임○○**
- **탄원인: 임○○**

존경하는 재판장님, 못난 자식 임○○ 아버지 임○○입니다. 아들 ○○이의 잘못은 아버지의 자식 욕심에서 시작된 것 같습니다. ○○이가 ○○대학을 지원한 것은 ○○에 취직하면 부모님 ○○에 ○○이 된다고 부모 형제에게 효도를 한다고 ○○대학을 합격하고 잘 다니고 있는 ○○이를 아버지가 ○○대 보낸다고 대학 재수를 시키면서 ○○대학은 결국 성공하지 못하고 스트레스를 받고 지금 알고 보니 ○○○ 등에 취미로 많은 돈을 탕진한 것으로 판단됩니다.

○○○ 취직 전 돈의 어려움을 부모에게 상의하였다면 오늘의 잘못은 없었을 텐데 부모 형제에게 숨기고 죄송하다고, 직장생활이 시작되면서 사채의 압박이 시작되면서 우선 보이는 업체들에게 돈을 빌려 쓰면서 문제가 오늘에 이른 것으로 생각됩니다. 빌린 돈을 업체에 반환하면서 물어볼 때 아들 ○○○이는 그 많은 돈을 뇌물로 받을 만한 직위가 절대 아니라고 확신하였습니다.

존경하는 재판장님. 아들 ○○이가 업체에 빌린 돈 때문에 오늘의 현실입니다만 가정에서나 직장에서는 모범적인 아들이었습니다. 사랑하는 가족과 어린 아이들을 생각하여 주시옵고 사회에 봉사하면서 앞으로 모범적으로 생활의 기회를 주시옵소서.

아버지로서 간곡히 선처를 호소 드립니다.

○○○○. ○. ○.

아버지 임○○

탄원서

- **사건명: 변호사법위반**
- **피탄원인: 이○○**
- **탄원인: 한○○**

존경하는 재판장님!

탄원인은 현재 피탄원인이 근무하던 회사의 입사 동기입니다. 금번 사건을 전해 듣고 저를 포함한 대부분의 사람들이 "설마 그럴 리가"라고 하면서 많이들 놀랐습니다. 평소 피탄원인이 ○○○의 ○○한 ○○ 자이며, 좋은 인간관계를 유지하고 있었을 뿐만 아니라 인간적으로나 실무 업무적으로도 인정을 받고 있었던 사람입니다.

저 또한 같은 팀에서 여러 해를 같이 근무한 경험이 있으며 가정적으로나 회사 업무적으로 착실하고 모범적인 사람이었습니다. 이번 사건의 정확한 상황은 잘 모릅니다다만 순간적인 실수라고 생각됩니다.

존경하는 재판장님!

많은 사람들이 안타깝게 생각하고 있습니다. 피탄원인을 알고 있는 사람들이 많이 걱정하고 있습니다. 또한, 피탄원인도 많은 사람들에게 용서를 구하고 있으며 뼈저리게 뉘우치고 있습니다.

부디 이번 한번만 선처를 부탁드립니다.

○○○○년 ○월 ○일

탄원인 한○○

탄원서

- **사건명: 변호사법위반**
- **피의자: 이○○**
- **탄원인: 조○○**

위 사건으로 현재 공판 중에 있는 피의자 이○○의 직장동료인 탄원인 조○○은 다음과 같이 탄원하오니 재판관님께서는 부디 선처하여 주시기 바랍니다.

먼저 사회정의 구현을 위해 애쓰시는 재판관님의 노고에 경의를 표합니다. 탄원 드리고자 하는 사건은 피의자 이○○의 수뢰혐의에 관한 사건입니다. 피의자 이○○의 직장동료인 탄원인 조○○은 ○○여 년을 같은 직장에서 근무해온 동료로서 피의자가 정의롭지 못한 범죄행위에 연루되도록 방관한 것에 대하여 책임감을 느끼고 있습니다.

○○여 년을 한 직장에서 근무하며 지켜봐 온 탄원인의 경험에 의하면, 피의자 이○○은 심성이 온순하며 성실한 사람으로 "법 없이도 살 사람"이라는 평가를 주변사람들로부터 항상 받으며 생활해 온 사람입니다. 따라서 사건의 정황을 상세히 알지 못하는 탄원인은 피의자가 범

죄행위에 가담하였다는 사실을 아직도 믿을 수가 없으며, 만약 그것이 사실이라면 이는 피의자가 한 순간의 유혹을 이기지 못하고 저지른, 그야말로 일생일대의 커다란 실수일 것이라고 판단됩니다.

이번 사건에서 피의자의 범죄행위가 사실로 밝혀진다면, 이로 인해 피의자는 훌륭한 직장을 포함, 사회적인 신망과 명예를 모두 잃게 될 것입니다. 만약 그의 범죄행위가 사실이라면 그에 대한 책임은 마땅히 본인이 감당해야겠지만, 위와 같은 결과는 그와 그의 가족 모두에게 너무나도 가혹한 처사라 하겠습니다. 따라서 하루 빨리 과오를 뉘우치고, 그와 그의 가족들이 정상적인 삶을 살아갈 수 있도록, 이 사회의 관용과 법률이 허용하는 범위 내에서 최대한의 선처를 다시 한번 간곡히 당부 드립니다.

○○○○년 ○월 ○일

탄원인 조○○

탄원서

- **사건명: 사기**
- **탄원인: 이○○**

재판장님!

저는 참으로 오래 혼자 살았습니다. 결혼은 저와 인연이 없는 걸로 알았는데 지금의 남편을 제 나이 ○○에 만났습니다. 성실하고 반듯한 모습이 참 좋았습니다. 저와 만날 당시 직장도 없었지만 인간성 하나 보고 제가 이 사람을 놓치고 싶지 않아서 선택했습니다. 결혼식도 안 올리고 변변한 여행도 한 번 가지 못하고 열심히 일만 하면서 저는 신랑이 주는 생활비를 아껴 쓰면서 열심히 살았습니다.

○○년 결혼생활 동안 한 번도 다툰 적 없었고 서로를 위하여 잘 살았는데 이번에 이렇게 불미스러운 일이 생겼습니다. 다시 아무도 없는 이 집에서 혼자 지내면서 잠을 자다가도 생각나고 밥을 먹으면서도 생각나고 20대에 후각을 잃어버려서 신랑이 냄새를 맡지 못해 혹 상한 음식을 먹을까 추위를 많이 타서 손발이 차가운데 건강이라도 해칠까 염려되옵니다. 따뜻한 집에서 지내는 저 또한 편히 있지 못하고 눈물만 납

니다. 이렇게 어렵게 만난 남편이 얼마나 소중한지 몰랐습니다. 너무나 죄송하고 무어라 말하기 힘듭니다.

　죄를 졌으면 죗값을 치르는 게 당연합니다. 그럼에도 염치 불구하고 선처를 간곡히 부탁드립니다.

아내 이○○

탄원서

- **사건명: 사기**
- **피의자: 권○○**
- **탄원인: 조○○**

존경하는 재판장님!!

먼저 사법 정의 구현을 위해 애쓰고 계신 재판장님의 노고에 경의를 표합니다. 저는 권○○과 함께 지난 ○년간 함께 근무했던 조○○이라고 합니다. 우선 이렇게 글로 간절한 마음을 전달하게 된 점 송구스럽다는 말씀을 드립니다. 지금 이 순간 누구보다 착잡하고 안타까운 심정입니다.

○○○은 제가 첫 직장으로 사회에 발을 내딛던 ○○○이셨습니다. 모든 게 생소하고 낯설었던 사회 초년생 시절 ○○○으로서 역할과 사명에 대해 많은 가르침을 주셨던 분입니다. 매일 ○○에서 ○○○까지 출퇴근하시며 성실하게 자신의 역할을 다해 오셨습니다. ○○○의 잘못을 이 자리에서 비호할 마음은 추호도 없습니다. ○○○으로서의 마

음가짐과 주변 관리의 중요성을 항상 강조하셨던 분이었기에 이번 사건으로 저 역시 큰 충격과 실망감을 느끼고 있습니다. 선배로서 또한 제 인생의 한 조각을 차지한 인생 선배로서 걸어왔던 길과 무엇보다 본인의 잘못을 뼈저리게 뉘우치고 반성하고 있는 점을 널리 혜량하시어 부디 선처하여 주실 것을 간곡하게 호소 드립니다.

　다시는 이러한 불미스러운 일이 발생하지 않으리라는 약속을 드리오며, 존경하는 재판장님의 관용을 간절한 마음으로 기다리겠습니다. 감사합니다.

○○○○년 ○월
탄원인 조○○ 올림

탄원서

- 사건명: 사기
- 피고인: 김○○

존경하는 재판장님께.

저는 문장력이 뛰어나지 않아서 어떻게 존경하는 재판장님께 말씀드려야 하나 고민하다가 이렇게 탄원서라도 써야겠다고 마음먹고 염치불구하고 저의 솔직한 심정을 몇 자 적어볼까 합니다. ○월 ○일 날 구치소로 저의 집사람이 면회를 왔는데 몸이 좋지 않다고 하기에 느낌이 좋지 않아 병원에 가서 진찰을 받으라고 했는데 ○월 ○일 날 ○○대학교 병원에서 진찰 결과 굉장히 심각한 ○○암으로 판단된다는 소견이 나왔고 빨리 수술을 해야 한다고 의사선생님께서 말씀하셨다고 합니다.

존경하는 재판장님!

○월 ○일 날 재판장님께서 ○월 ○일부로 다시 영장을 발부할 수밖에 없는 이유를 충분히 인지하고 왔습니다. 그렇지만 저희 집사람하고

○○년째 같이 생활하고 있고 집에 혼자 있습니다. 저는 오직 저희 집 사람밖에 의지할 곳이 없습니다. 그런 집사람이 지금 ○○암이라는 진단을 받고 수술을 해야 하는 상황에서 옆에서 보살필 수 있도록 선처해 주십시오. 제가 죄를 진 부분은 충분히 죗값을 치르겠습니다. 또한 증거인멸이나 도주를 한다면 저의 죄를 무겁게 내리시고 처벌해 주십시오. 절대로 증거인멸이나 재판장님께서 우려하는 일은 맹세코 하지 않겠습니다. 우울증과 ○○암 진단을 받고 혼자 있으면서 무서움과 두려운 공포로 싸여 있을 텐데 그런 생각을 하면 가슴이 미어집니다. 사람의 생명은 시간을 기다려 주지 않기에 초기에 어떻게 대처를 하느냐에 따라 많이 달라진다고 생각합니다.

존경하는 재판장님!

다시 한번 부탁드립니다. 저의 집사람 ○○암 수술하는데 옆에서 도와줄 수 있도록 선처 부탁드립니다.

김○○ 올림

탄원서

- **사건명:** 사기
- **피의자:** 서○○
- **고소인:** 이○○

위 사건에 관하여 고소인은 피의자를 고소취소한 날, 피의자의 온 가족이 길거리에 나 앉게 되고, 피의자가 살고 있는 집이 명도를 당하여 ○명의 가족이 여관방으로 옮겼다는 등 눈물로 호소하고, 심지어 세간들은 보관 창고로 강제로 보내졌다는 사실을 울면서 애원하여 이를 불쌍히 여겨 모두 외상으로 고소를 취하했고, 처벌을 원치 않겠다고 하였습니다.

그러나 고소인은 이를 모두 취소합니다. 설령 이미 고소가 취소되었다 할지라도 범죄사실에 대해서는 고소취소 여부와 관계없이 철저히 조사하여 판단하여 주십시오.(중략)

이 사건 고소취하는 기망에 의해 고소를 취소한 것이므로, 실제 피해자는 고소를 취소할 의사가 없습니다. 피의자의 기망의 여부를 판단하여 엄히 처벌하여 주시길 간곡히 원합니다.

○○○○년 ○월 ○일

위 고소인: 이○○

탄원서

- **사건명**: 사기
- **피고인**: 서○○
- **탄원인**: 송○○

탄원의 취지

1. 탄원인은 피탄원인 서○○에게 ○○년도 상당의 사기 피해를 당한 피해자입니다.

2. 그런데 피탄원인으로부터 당한 피해자들이 여러 명이 있다는 소식을 듣고 수소문한 끝에 이 사건 공판의 방청객으로 출석하여 이 사건을 지켜보다가 존경하는 재판장님께 탄원서를 제출합니다.

3. 피탄원인은 매 사건들에 반성이 없이 상습적인 사기 행각만을 일삼아오고, 많은 전과를 훈장처럼 과시하는 자이므로 부디 엄벌에 처해주시길 간곡히 원하는 내용의 탄원서입니다.

탄원의 사실

(중략)

부디, 피탄원인을 엄벌하여 탄원인의 억울함을 풀어 주시고, 다시는 피해자가 양산되지 않도록 엄하게 처벌해 주시길 간곡히 원합니다.

위 탄원인 송○○

진정서

- **사건명: 강제집행면탈**
- **피고인: 서○○**
- **진정인(고소인): 신○○**

본 사건과 관련하여 진정인은 ○○. ○. ○.경 피고인으로부터 받을 채권 ○,○○○만 원에 대해 당일 ○,○○○만 원을 지급받고 나머지 대금 ○,○○○만 원은 ○○. ○. ○.까지 변제받기로 약속받은 후, 나머지 대금을 변제받지 못할 시에는 민, 형사상 책임을 지겠다는 피고 명의의 차용증(연대보증인은 피고인의 딸로 변제 능력이 전혀 없음)을 받고 합의 및 고소취하서를 작성해 주었습니다(당시 진정인은 본 건 외에 피고인으로부터 ○,○○○만 원의 추가 채권이 있었으나 위 대금은 피고가 본 사건채무를 모두 변제해 주었을 시 탕감해 주기로 했습니다).

그러나 이후 피고인은 나머지 대금을 진정인에게 변제해 주지 않았습니다. 그럼으로써 진정인은 결국 피고인으로부터 받을 채권의 합계금 ○,○○○만 원 중에 ○,○○○만 원만 받은 것입니다. 이렇듯 피고는 자신이 고소당한 수많은 사건의 대부분을 피해자들이 조금의 돈이라도 변제받고 싶어 하는 심정을 이용하여 일부분만 변제하고 나머지 대금은 소위 말하는 외상합의를 하여 자신의 사건을 무마한 후에는 피해자에게 약정한 것은 이행하지 않음으로써, 피해자들에게 두 번 당하게 하는 고통을 주고 있습니다.

따라서 본 건과 관련하여 진정인 명의로 제출된 합의 및 고소취하서는 피고인의 약속 이행을 전제로 작성한 것이기 때문에, 진정인은 이 취하서의 취소를 원하오니 이점 헤아려 피고인에 대한 재판을 진행하여 주시기 바랍니다.

ㅇㅇㅇㅇ. ㅇ. ㅇ.
진정인(고소인) 신ㅇㅇ

탄원서

- **사건명**: 사기
- **피고인**: 서○○
- **탄원인**: 임○○

저는 사건번호 ○○○○고단○○○○ 사건의 피해자 임○○이라고 합니다. 우선 탄원서를 올리게 된 것에 바쁘신 일과에 조금이라도 누를 끼칠까 하는 염려와 더불어 이렇게 실례를 범하고 탄원서를 올리는 것에 사연을 말씀드릴까 합니다.

피고인 서○○ 씨는 지난 ○년 동안 수없이 많은 변명과 함께 셀 수도 없는 거짓말로 피해자를 농락하여 왔습니다. 또한 ○○년 ○○월 경 검찰의 조사 후 기소를 당한 이후에도 변호사를 선임하는 것과 해임하는 방법으로 재판을 고의로 연기시키면서 지금에 이르고 있습니다.

존경하는 재판장님,

저는 별건의 사건으로 구속되어있습니다. 이러한 어려운 처지의 입장에서 피고소인 서○○에게 피해 변제를 받아 밖의 어려운 가정문제와 말씀드리기도 창피한 부모님의 부양과 함께 어린 자식들의 어려운 환경에 조금이라도……(중략)

이러한 상황이지만 피고소인 서○○ 씨는 계속된 거짓과 재판연기를 반복하고 있음에 재판장님께서 법의 테두리 안에서 더 이상 서○○ 씨가 재판을 연기하는 편법을 할 수 없게 하여 주실 수는 없는지요. 이러한 것을 탄원서를 통하여 말씀드리는 것 또한 재판장님의 재판일정과 판단은 재판부 고유 권한임에 저의 탄원이 행여 이러한 절차를 무시한 탄원서일까 하는 염려를 하였던 것입니다.

존경하는 재판장님! 일정된 재판이 시작된다면 피고소인 서○○의 거짓과 사기행각을 밝혀 그에 맞는 처벌을 하여 주십시오. 끝으로 부족한 탄원서를 이렇게 읽어 주시어 머리 숙여 감사드립니다.

제출인: 임○○

처벌 불원서 및 탄원서

• 사건명: 사기
• 피고인: 서○○
• 탄원인: 신○○

○○○○지방검찰청 사건번호 ○○호의 고소인 신○○은 다음과 같은 사유로 처벌불원서 및 탄원서를 제출하오니 검토하시어 피고인 서○○에게 다시 한번 갱생의 기회를 주시기를 간곡히 탄원 드립니다.

– 다 음 –

1. 피고인 서○○은 ○○○만 원을 고소인으로부터 빌려간 후 이를 갚지 않고 차일피일 하다가 고소를 당하였으나, 피고인의 친형 서○○가 ○○○○. ○월경 위 금원을 대위변제함으로써 고소인이 소취하를 합의한 바 있습니다.

2. 고소인은 ○○년 전인 ○○○○. ○월경 ○○에 있던 ○○재건축조합아파트와 관련한 투자와 관련하여 피고인을 처음 알게 되었고, 당

시 ㈜○○○○을 운영하던 피고인 및 피고인의 친형 서○○과 수차례 투자를 위한 거래를 원만하게 한 적도 있습니다.

3. 피고인의 친형 고 서○○이 지병으로 사망한 이후 사업적으로 어려움을 겪고 있던 피고인이 고소인을 찾아와 도움을 요청하여, 당시 ○○구 ○○동에서 사업을 위해 고소인과 피고인이 함께 일을 했던 적도 있습니다.

4. 그러나 자녀를 두고 있는 피고인이 결국 사업부진으로 인하여 경제적인 어려움을 극복하지 못하고, 형사사건에 연루되자 대부분의 고소사건에 대하여는 친형의 도움으로 소취하 합의에 이르렀습니다.

5. 현재 피고인은 고소인 등을 찾아와 그 동안의 잘못을 뼈저리게 뉘우치고 살아갈 것을 수차례 맹세한 적도 있습니다.

6. 피고인이 다시 영어의 몸이 될 경우 남겨질 어린 아이들을 비롯한 가족은 더 이상의 생계가 막막할 뿐만 아니라, 단란했던 한 가정이 해체될 위기에 처해 있습니다.

7. 이 모든 것은 마땅히 피고인이 모두 져야 할 책임이지만, 다시 한 번 갱생의 기회를 주시어, 피고인이 지금까지 저지른 잘못을 참회하고 이제부터라도 사회에 진 빚을 갚는 마음으로 성실하게 살아갈 수 있는 기회가 한 번 더 주어질 수 있기를 간곡히 청원 드립니다.

* 첨부서류: 인감증명 1통, 통장사본 1부.

ㅇㅇㅇㅇ. ㅇ. ㅇ.

탄원서

- **사건명:** 사기
- **피고인:** 서○○
- **고소인(피해자):** 이○○

위 사건에 관하여 피해자 고소인은 너무나 억울하여, 다음과 같이 피고인의 엄벌을 요구하는 탄원서를 제출합니다.

─ 다 음 ─

1. 피고인은 지금까지 고소인이 피해본 약 ○○억 원의 피해자를 위한 피해 변제를 위한 어떠한 노력도 없고, 오히려 재판 중에 불특정 다수인에게 상습적인 사기 행각을 일삼고 있는 자입니다.

가. 피고인은 이 사건의 재판 중에도 반성을 하기는커녕 지속적인 사기 행각으로 이 사건 최초 기소 후에 추가로 범행을 저질러 무려 현재 ○○건의 형사재판과 추가 조사를 받고 있는 자입니다.

나. 이 사건 피고인은 현재 ○○건의 형사재판을 받고 있으면서 ○○지방법원 재판 중 도망 중인 자입니다. 피고인은 현재 ○회 불출석하여

있으며 다른 사건 피고인으로 재판을 받고 있는 상습 사기범입니다. 없는 거짓말에 속은 변호인들마저도 스스로 사임서를 내기도 한 피의자입니다.

2. 피고인 서○○을 일반 사기범이 아닌 상습사기범으로 공소를 변경하여 엄벌에 처해 주시길 바랍니다.

가. 조그마한 물건을 훔치는 절도죄를 저지른 범죄인도 상습절도로 처벌하던데, 왜 피고인은 수십 번의 전과가 존재하고 현재도 같은 유형의 사기를 수십 건을 일삼고 있는데도 구속되지도 않고, 상습사기죄로 공소도 제기되질 않고 있는지 모르겠습니다.

나. 한편 피고인이 구속되질 않음으로서 많은 피해자들을 양산하고 있는 실정입니다.

3. 피고인은 재판 중에도 사법부를 기망하기 위한 무고의 범죄를 저지른 자입니다.

결론:

피고인으로부터 지속 발생되는 피해자를 줄이는 방법은 하루속히 구속하여야 합니다. 또 이렇듯 많은 사기죄와 사법부를 기만하는 피고인을 상습사기죄로 공소 변경하여 처벌해 주시기를 간곡히 요청합니다.

1. 피고소인의 무고에 대한 자필 반성문 및 인감증명서

2. 문자메시지

○○○○. ○. ○.

위 고소인 겸 탄원인: 이○○

탄원서

- 사건명: 사기
- 피고인: 김○○ 외 2명
- 탄원인: 지○○

　저는 이 사건의 피고인 김○○과 최○○, 고○○에게 피해를 입은 지
○○입니다. 지난 해 ○월경 지인 고○○과의 점심약속에 초대하지도
않은 최○○이라는 사람이 나타나 ○○○○○이라는 ○○○업체에 투
자하면 월○%의 고리 이자를 준다고 하여 ○억○○백만 원을 투자했는
데 전부 사기당하고 말았습니다. 그들은 ○○에 있는 ○○평의 아파트
에 호화롭게 사는 걸 보여 주며 투자하면 이렇게 살 수 있다고 과시했
습니다. 그 꼬임에 넘어가 아들 결혼자금으로 저축했던 돈까지 탈탈 털
어 투자했는데 사기를 당하고 말았습니다. 큰일입니다.

　그래서 지금 명령신청을 했더니 최○○은 자신은 통장만 빌려 주어
책임이 없다고 하며 이의신청까지 하였습니다. 심지어 자신은 투자하
라고 한 적이 없다고 합니다. 김○○이도 자신은 책임이 없다고 재판을
요청했습니다. 다 망해서 돈 한 푼 없는 회사를 조금만 기다리면 코스

닥으로 상장되어 많은 돈을 벌 수 있다고 오랜 시간 거짓말을 하며 기
만하고 조롱했습니다.

　재판장님.

　어디서 돈을 받을 수 있는 건지 정말 기가 막힙니다. 저의 억울함을
감안하시어 피고인들을 엄벌에 처하여 주시기 바랍니다.

○○○○. ○. ○

피해자 지○○

탄원서

• 사건명: 사기 등
• 피고인: 서○○
• 고소인: 이○○ 외 1명

위 사건에 관하여 피해자 고소인은 다음과 같이 법 집행을 받지 아니하고, 도망을 다니는 피고인에 대하여 엄벌을 요구하는 탄원서를 제출합니다.

– 탄원의 취지 –

1. 피고인에 대해 ○○○○지방법원은 ○○○○사건에 검사의 ○년 구형에도 불구하고, 피고인의 죄질이나 불량한 태도에 징역○년을 선고하였고, 항소심에서도 항소를 기각하여 징역○년을 선고하였습니다.

2. 피고인은 재판부에 출석하여 재판을 받아야 함에도 비웃듯이 출석하지 아니하고, 거액의 수임료를 지불하여 유명한 변호인들을 내세워 대응하고 있는 자입니다.

3. 위 사건 외에도 피고인은 ○○○○지방법원 ○○○○외 3건의 병합 사건에도 출석하지 않고, 이름만 대면 알 수 있는 유명한 변호인을 내세워 도망 다니며 궐석으로 재판을 받고 있는 자입니다.

(소결)

따라서, 피고인에게 ○○지방법원의 검찰구형보다 2배가 높은 형을 선고한 것처럼 이 사건 재판부에서도 피고인에게 검찰의 구형보다 더 무거운 중형을 선고하여 주시길 간곡히 원합니다.

– 탄원의 결론 –

가. 피고인은 시골서 올라온 탄원인과 그 가족들을 상대로 땅을 매입하는 계약을 하고도 땅값을 주지 않고 타에 매각한 이 사건 ○○○○고단○○○○호 사건으로 기소되고, 사기죄로도 기소되자 이 사건을 "물타기할" 전략으로 (고소인인 탄원인을 매수하여 재판을 빠져나갈 목적이었다고 자백함, 기 제출한 녹취록에 자세히 피고인 스스로 자세히 진술함) 고소인을 무고했습니다. 기소된 ○○○○지방법원 ○○○○고단○○○○ 무고죄를 참조하여 형량에 미치도록 판결하여 주시길 간곡히 원합니다.

나. 또 아울러 ○건의 재판 및 대기 중인 고소사건 등으로 이렇듯 많은 범죄로 피해자와 사법부를 농락하는 피고인을 상습사기죄로 처벌하여 ○○○○지방법원의 검찰구형보다 2배가 많은 선고가 있었던 판결

처럼, 피고인에게 양형에 감경이 없는 형량을 주실 것을 간곡히 요청하
면서, 탄원인과 그 가족 또 피해자들의 눈물을 닦아 주시길 간곡히 원
합니다.

탄원서

- **사건명:** 사기
- **피고인:** 김○○
- **탄원인:** 김○○

존경하는 재판장님께 올립니다.

이젠 정말 춥고 추운 날씨의 연속입니다. 이 겨울의 시작에서 정말 죽고 싶은 죄책감으로 또 다시 존경하는 재판장님께 글을 올립니다. 저는 ○○구치소에 수감 중인 ○○○번 김○○입니다.

존경하는 재판장님!
죄인의 몸은 제 몸이 아니라는 생각에 수없이 글을 썼다 또 썼다 수없이 울면서 찢기를 말 할 수 없이 반복하면서도 마지막엔 글을 올리게 됨을 고개 들기조차 싫은 송구스러움 입니다.

존경하는 재판장님!
제가 죽음으로 대신 할 수 있다면 하고 싶은 애절한 심정입니다. 저를 도운 분들의 아픔을 잊고 제 말씀을 드리는 것 같아 정말 송구스럽습니다. 하지만 제가 정신을 차리고 더 열심히 살아야 제 도리를 할 수 있다는 생각에 용기를 힘껏 내어 말씀 올리게 되었습니다.

존경하는 재판장님!

저는 이곳 구치소에서 계장님, 주임님들이 거의 아시다시피 죄인의 몸으로 아픈 것 호소하는 것조차 저의 뻔뻔함이라 생각해 참고 또 참고 하다 극도로 고통이 심해지면 약을 타 먹고 순간을 넘깁니다.

존경하는 재판장님!

하지만 밖에서 통증으로 마약까지 복용했던 상처가 다시 또 고통이 와 이젠 이곳에서 주는 진통제의 복용횟수가 늘어도 고통이 잘 멈추지가 않습니다. 쇄골뼈 결핵으로 인한 통증이 심장을 더 압박해 가슴통증이 횟수가 늘고 가슴통증으로 혈압이 200 가까이, 맥박이 130~150으로 정말 가슴을 쥐고 방을 헤매며 미칠 것 같은 고통입니다.

존경하는 재판장님!

제가 이런 고통에 있으니 함께 생활하는 방 식구들에게 크고 많은 피해를 주고 어찌해야 할지를 모르겠습니다.

존경하는 재판장님!

저를 밖에서 알고 있는 분들은 제가 쇄골뼈 결핵으로 마약까지 복용하며 수술받은 것을 다 알고 있습니다. 이때 심장까지 균이 퍼졌을까

심장과 흉부외과 선생님 2분이 집도하시며 급하게 대수술을 하여 최대한 균을 긁어냈지만 다 긁을 수가 없었다고 합니다.

존경하는 재판장님!
초기에 이 병이 밝혀지는 데도 CT, MRI 등등으로도 ○○개월 만에 발견되었습니다. 이 병은 환자가 느끼는 고통은 클 수밖에 없다고 마약 복용을 시켜 주셨던 것입니다.

존경하는 재판장님!
더욱 죄인이기에 뼈를 깎는 아픔도 견뎌야 하는 것을 알기에 더욱 송구스럽습니다. 하지만 앞으로 재판을 지키며 또한 저를 도운 사람들에게 죄 지은 것을 갚는 저의 도리를 지켜야 하겠기에 더더욱 용기를 냈습니다. 송구합니다.

존경하는 재판장님!
절대 재판에 지장을 만들지는 않겠습니다. 속히 나가서 수술을 받고 올 수 있게 기회를 한번 주시길 간절히 아룁니다.

존경하는 재판장님!
정말 오직 재판에만 성실히 임해야 한다는 것 잘 알고 있습니다. 하지만 좀 더 성실히 빠른 재판을 위해 꼭 수술을 속히 받기를 간절히 원하면서 재판장님의 배려를 바랄 뿐입니다.

존경하는 재판장님!

절대 재판에 지장을 초래하지 않도록 변호사님과 상의해 최대한 배려해 주시면 보답하고 지키겠습니다. 지금도 가슴을 면도칼로 도리는 것 같은 고통에 가슴을 움켜쥐고 간절히 재판장님께 아룁니다.

존경하는 재판장님!

죄인이지만 한 번의 기회를 허락해 주시길 간절히 바라오며 두서없는 글 읽어 주심에 감사드립니다. 겨울날씨에 재판장님 건강을 ○○드립니다.

○○○○. ○. ○.
김○○ 올림

탄원서

- **사건명:** 살인미수
- **피고인:** 윤○○
- **탄원인:** 윤○○

존경하는 재판장님,

저는 피고인 윤○○의 형입니다. ○○에서 작은 식당을 운영하면서 홀어머님을 모시고 살고 있습니다. 동생 윤○○은 말썽은 한 번씩 피웠지만 정말 심성이 착해서 어려운 사람들을 지나치지 못하고 주위 사람들의 힘이 되어 주고 옆에 사람들을 편하게 해 주고 행복하게 만들어 주는 성격입니다. 이번에 크나큰 실수로 많은 후회와 반성을 하고 있습니다.

존경하는 재판장님,

피고인 윤○○은 다시는 이번 일과 같은 나쁜 일을 하지 않기로 저에게도 많은 반성과 뉘우침을 하고 있다고 매번 말하고 있습니다. ○○

에서 ○○ 선고받고 와서 그때 그 사건으로 집행유예도 ○년, ○년 2개
받고 열심히 살고 있었는데 아버님이 갑작스레 암으로 돌아가시고 부
인하고도 이혼을 해서 너무 큰 마음의 상처를 받아서 정신적 이상으로
너무 어이없는 실수를 한 것 같습니다. 앞으로는 가족들의 관심과 사랑
으로 정신적 치료와 함께 잘 살 수 있도록 보살피겠습니다.

　존경하는 재판장님,

　우리 동생 ○○이 좀 한 번만 용서해 주십시오. 간곡히 선처를 부탁드
리겠습니다.

○○○○년 ○월 ○일

윤○○

탄원서

• 사건명: 살인미수
• 피고인: 윤○○
• 탄원인: 윤○○

존경하는 재판장님

저는 피고인 윤○○의 누나입니다. 동생 윤○○은 항상 정이 많고 주위사람들에게 다정한 사람이었습니다. 부모님께도 항상 다정하고 형제간에도 우애 있는 동생이었습니다. 믿고 존경하던 아버지께서 암으로 갑작스럽게 돌아가시게 되었습니다. 유독 막내를 예뻐하시던 아버지께서 갑자기 세상을 떠나셔서 ○○이는 큰 충격을 받게 되었습니다. 그후로 정신적인 충격으로 마음을 잡지 못하고 있었습니다.

본인도 뼈저리게 후회하고 있으며 앞으로 다시는 그런 실수를 하지 않을 거라고 다짐하고 있습니다. 저희 가족들도 동생이 정신적인 치료를 받고 정상적인 삶을 살 수 있도록 노력하겠습니다.

존경하는 재판장님,

윤○○이 다시 한번 새로운 삶을 살 수 있도록 선처 부탁드리겠습니다.

○○○○년 ○월 ○일

윤○○

탄원서

- **사건명: 성폭력범죄의처벌등에관한특례법위반(특수준강간)**
- **피고인: 김○○**
- **탄원인: 김○○**

탄원 이유

존경하는 재판장님!

먼저 재판 때 법정에서 아들 한 번 안아 보아 너무 좋았습니다. 허락
해 주셔서 감사합니다. ○○개월 만에 아들을 껴안아 보니 훌쩍 컸구나
하고 느꼈습니다. 얼마나 안아 보고 싶었는지 모릅니다.

○○이는 착하고 순한 아이입니다. ○○ 생활도 열심히 잘하고 칭찬
받는 아이입니다. 죄는 밉지만, 처벌은 받아야 하겠지만 저에게는 너무
가혹한 처벌이라고 조금 생각이 듭니다.

존경하는 재판장님!

아비의 심정으로 형을 조금만 줄여 주십시오. 다시 한번 기회를 주십시오. 간절히 바라고 원합니다. 아들 다시 한번 잘 키우겠습니다. 아비로서 할 수 있는 게 재판장님께 용서를 구할 방법밖에 없어 이렇게 호소합니다. 아들 생각하면 가슴이 미어지고 답답합니다.

왜 이리 눈물이 나는지요, 죽고 싶은 심정입니다. 부디 현명한 판단하시어 이 아비의 정성이 받아들여지면 하는 바람입니다. 제 욕심이 지나치다는 것을 잘 압니다. 도와주세요. 사람 하나 살려 주십시오.

탄원서

- **사건명:** 알선수재
- **피고인:** 권○○
- **탄원인:** 권○○

존경하는 재판장님,

 사법적 정의를 위해 수고하시는 재판관님의 노고에 큰 경의를 표합니다. 국정도 혼란스럽고 바쁘신 이즈음에 이렇게 불미스러운 일로 번거롭게 하여 진심으로 송구하고 죄송합니다. 동생이 알선수재 혐의로 ○○구치소에 수감 중 재판과정에 있습니다. 재판관님의 선처를 간고히 부탁드리고자 면목 없지만 이렇게 탄원의 글을 쓰게 되었습니다.

 처음 소식을 접하고 놀란 가슴이 이 글을 쓰는 지금도 가슴이 두근거립니다. 생각하지도 못한 일이 저희 가족에게도 일어났다는 사실에 충격과 걱정으로 눈물로 밤을 지새운 날이 많았습니다. 믿고 싶지 않았지만 현실이 사실이 되어 버린 이 상황이 답답하고, 동생만 생각하면 눈물이 앞을 가려 가슴이 먹먹해지네요……

여태까지 성실히 잘 살아 왔는데 잠시 마음이 흔들려 해서는 안 될 사건으로 유혹에 빠져 이런 일이 발생된 것 같습니다. 동생뿐 아니라 저희 가족 모두가 친척분들 주변 지인님께도 정말 면목이 없어 밥을 먹어도 넘어가지 않고 잠을 자도 자는 것이 아닌 나날들입니다. 동생이 저지른 잘못을 조금이라도 뉘우치는 심정으로 백번 사죄를 드려도 소용이 없겠지만 그래도 다시 한번 사죄의 말씀을 드립니다. 그동안 서로 바쁘게 사느라 각자의 삶에 열심히 잘 살고 있겠지 믿으며 자주 안부도 묻지 못하고 지낸 날이 후회가 됩니다.

부유하지 않아도 가족이 화목하고 형제간에 우애 있고 큰 욕심 없이 서로 감사하며 잘 살고 있다고 생각했는데 이런 불미스러운 일로 주변 분들께 걱정을 끼쳐드린 점 송구스럽게 생각하고 많이 반성하고 있습니다. 동생 직업상 워낙 시간이 없다 보니 결혼생활도 여의치 않고 오랫동안 혼자 지내는 동생을 볼 때마다 항상 마음 한구석이 무거웠습니다. 그런데 와중에 늦게나마 좋은 인연으로 만난 올케와 가정을 이룬 모습에 고맙고 감사했는데 이런 불미스러운 일이 생겨 올케 보기에도 뭐라 할 말이 없고 면목이 없습니다. 부모님 제사 때나 형제들 다 같이 모여 얼굴 보고 정담 나누며 가족 간에 우애를 다지곤 했는데 이번 부모님 기일에는 동생도 없이 제사를 지내는 심정이 돌아가신 부모님께 죄스럽고 한없이 목이 메었습니다. 무엇보다 늦은 결혼으로 자식도 없이 덩그러니 동생도 없는 빈집에 올케 혼자 두고 집으로 돌아서려니 마음이 천근만근 발이 떨어지지 않아 돌아오는 내내 차 안에서 눈물만 흘렸답니다.

매주 구치소를 방문하고 돌아가는 올케 심정이 어떠할지 뭐라 할 말이 없습니다. 저 또한 구치소에서 접견하고 돌아서는 동생의 뒷모습을 보노라면 가슴이 답답하고 먹먹해 건강도 좋지 않은 몸으로 수감생활을 할 것을 생각하면 걱정으로 숨이 막힐 지경입니다.

존경하는 재판장님,

동생이 저지른 일로 합당한 죄를 받아야 천만번 합당하오나 재판장님의 너그러운 관용으로 조금이라도 감형해 주시어 가까운 시일에 가족과 해후할 수 있도록 재판장님의 선처를 다시 한번 간곡히 부탁드리오니 저의 간절한 마음을 헤아려 주시면 고맙겠습니다. 거듭 송구하고 죄송스럽습니다.

탄원인 권○○ 올림

탄원서

- 사건명: 업무상과실치사등
- 피탄원인: 이○○
- 탄원인: 전○○

탄원 취지

현재 사건으로 기소된 사건과 관련하여, 피고인 이○○에 대한 선처를 바라고자 이렇게 탄원서를 올립니다.

탄원 이유

존경하는 재판장님,

추운 날씨 속에서도 법질서 확립과 사법정의 구현에 애쓰고 계심에 국민의 한 사람으로서, 감사한 마음 금할 길 없습니다.

피의자(이하 '이○○')와의 관계는 대학교 선후배 사이로 잘 알면서 지냈습니다. 제가 아는 이○○는 ○○ ○○이라는 농촌에서 자라면서 비록 넉넉하지 못한 집에서 자랐고 체격도 그리 크지 않았지만 부모님께 효도하며 정직과 의리의 사람으로 인식되어 왔습니다. 특히 주위에 어려운 사람을 접하면 쓸개 간까지도 빼어서 도와주는 타입의 후배였습니다. 대학 졸업 후에도 직장을 다니면서 또한 회사의 대표이사로 있으면서도 그러한 선행은 계속되었습니다. 가령 본인도 넉넉하지 않으면서 가정 형편 어려운 친구 자녀 등록금을 대납해 주었던 일도 있었고, 남에게 피해를 안 주려는 행동으로 지금껏 늘 착실하게 살아왔습니다.

그런데 어쩌다 이 상황에 구속까지 되었는지 자세한 사유는 모르겠고 현재 이로 인해 고통받고 있는 피해자도 있겠으나, 지금껏 받은 본인의 육체적 정신적 고충은 물론 가족들의 많은 고충도 헤아려 주시어 선처를 호소 드립니다. 사회에서 새 출발하게 되어 작게는 가족에게 봉사 및 그간의 빚진 것을 갚을 수 있도록, 새롭게 일어서 사회에 복귀할 수 있도록 선처하여 주시기를 간곡히 부탁드립니다. 감사합니다.

○○○○. ○. ○.
위 탄원인: 전○○ (인)

탄원서

- **사건명: 업무상과실치사등**
- **피고인: 이○○**
- **탄원인: 이○○**

사법정의 실현을 위해 불철주야 헌신하시는 재판장님의 노고에 진심으로 경의를 표합니다. 위 탄원인은 피고인 이○○ 사건과 관련하여 다음과 같이 탄원서를 제출하오니 부디 선처하여 주시길 간곡히 부탁드립니다.

존경하는 재판장님,

저는 피고 이○○의 아내 이○○입니다. 우선 본 사건과 관련된 피해자들과 가족들께서 겪으셨고 이 순간까지도 벗어나지 못하고 계시는 큰 고통과 상처에 대해 너무나 가슴 아프게 생각합니다. 지난 ○월 피고인 이○○에 대한 항소심 선고가 있었고 징역 ○년을 선고 받았습니다. 저희 가족들은 선고 이후에 큰 충격과 슬픔에 어찌 할 바를 모르고 있습니다. 본의 아니게 이렇게 큰 사건에 연루되어 수감생활을 하는 남편을 지켜보는 것도 고통스러웠고 피해자 분들과 그 가족들이 겪고 계실 고통을 생각하면 감히 고개 숙여 사죄드리는 것 역시 죄송스런 마음이었습니다.

제가 ○○여 년 동안 알아온 피고 이○○은 항상 긍정적이며 바른 성품으로 제게 큰 힘이 되어 주는 남편이었습니다. 사회의 구성원으로 한 가정의 가장으로 원칙과 규칙을 지키며 살아온 평범한 사람입니다. 피고인은 다른 사람에게 피해를 주거나 의도적으로 해를 끼치는 성품이 절대 아닙니다. 항상 바르게 살아왔고 열심히 일했습니다. ○○○사고는 피고인이 꿈에라도 전혀 예상하지 못했던 일입니다. 저도 사용하였고 제 동생들과 조카들도 ○○○ ○○○을 오랫동안 사용하였습니다. 피고인 이○○은 피고인의 회사에서 판매된 제품으로 인해 피해자가 발생했다는 사실에 매우 괴로워했고 오랜 시간동안 구치소에서 피해자 가족 분들께 참회하는 마음으로 매우 고통스러운 반성의 시간을 보내고 있습니다.

또한 앞으로도 평생 동안 피해자들께 대한 죄송스런 마음을 가지고 살아갈 것입니다. 저는 피고인 이○○의 재판과정을 모두 지켜보았고 많은 인명피해를 발생시킨 이번 사건의 중대함을 알고 있습니다. 재판이 진행되는 동안 피해자 가족의 진술을 들었고 피해자 분을 찾아뵙고 남편을 대신하여 눈물로 사죄를 드렸지만 그 분들의 고통이 전해져 너무나 가슴 아팠습니다. 피고인 이○○도 이런 마음은 저와 조금도 다르지 않을 것이며 더욱 큰 죄책감을 느끼고 있습니다.

저와 남편은 대학시절부터 어려운 가정환경 속에서 서로 의지하며 성실하고 정직하게 생활하려 노력해 왔습니다. 피고인 이○○은 다른 사람들에게 피해를 주거나 법을 위반할 사람이 아닙니다. 멀리 타국에 계시는 시아버님께서는 이번 사건의 충격으로 암이 재발하여 힘든 치료를 받고 계신데 거동조차 어려운 상황입니다. 힘든 투병생활 중에도 아들 걱정뿐이신 시아버님께서 상태가 더 악화되시지는 않을지 가족들의 걱정이 큽니다. ○○여 년을 저희와 함께 살아오신 친정어머님께서도 사위 걱정에 나날이 야위어 가시는걸 보면 마음이 아플 뿐입니다. 피해자분들께서 겪고 계시는 고통을 생각하면 송구한 심정이지만 전혀 의도하지 않은 일로 죄책감에 괴로워하고 반성하며 수감생활을 하고 있는 피고인과 저희 가족들이 처한 모든 상황을 고려하시어 부디 관대하신 선처를 간곡히 부탁드립니다.

○○○○. ○. ○.
탄원인 이○○

탄원서

- **사건명: 업무상배임**
- **피고인: 최○○, 강○○**
- **고소인: 구○○(주식회사○○○○○○○○ 주주)**

존경하는 재판장님!

먼저 재판장님의 넓으신 배려로 변론요지서를 복사할 수 있도록 허락해 주셔서 다시 한번 머리 숙여 감사드립니다. 법과 원칙이 바로 서는 나라를 만들어야 하는 시대적 사명감으로 본 사건에 대하여도 아래에 내용을 한 번 더 살펴 주시길 간절한 마음으로 탄원 드립니다.

1. 저의 복수심으로 본 사건에 이르게 되었다는 피고인들의 주장은 한 번 더 분명히 말씀드립니다만 절대로 아닙니다. 물론 감정이 전혀 없는 것은 아니지만 감정만으로 해결하기엔 본 사안이 너무나 중대하여 감정을 조절하고자 온 힘을 다해 노력하고 있으며 회사의 주인인 주주로써 당연히 해야 할 일을 하고자 하는 것입니다.

2. ○○○ 전등을 만드는 기술에 대한 저의 기술이 부족하다는 피고인들의 주장을 백 번 양보해서 모두 인정하더라도 본 사건에서 회사를 경영한 피고인들의 배임을 다투는 것과는 그 연관성이 아주 미미하다 할 것입니다. 그리고 저의 기술은 결코 모자라지 않는 경력과 학력을 보유하고 있다고 자부합니다.

3. ○○○ 전등을 만드는 데 특화된 저의 특허들이 기술적으로 무의미하다는 피고인들의 주장 또한 모두 인정한다 하더라도 회사를 운영하는 피고인들의 배임을 정당화할 수 있는 요건은 아닙니다. 특허는 정부 기관에서 인정하는 것으로 전문가인 심사관들이 엄정한 심사를 거쳐 등록되어지는 것이며 그 기술에 대한 판단은 그 누구도 단정 지어 말할 수 없는 것이며 그 값어치 또한 마찬가지입니다.

4. 피고인들은 저의 특허는 아무런 값어치가 없는 것처럼 이야기하고 새롭게 ○○○○○○가 더 좋은 특허를 만든 것처럼 주장하고 있습니다. 그러나 특허에 값어치를 따지기 전에 더 중요한 사실은 ○○○○○○○○의 특허의 발명자가 박○○이라는 사람인데 박○○은 ○○○○○○○○에서 근무하며 공장장을 한 사람입니다.

5. 피고인들이 새롭게 만든 ○○○○○○○○가 ○○○○○○○○과 같은 제조업이라는 것에 주목하여 주시길 바랍니다. 전등을 제조하는 회사는 공장등록과 전기안전 검사를 받은 후에 공인된 인증기관으로부터 인증을 받아야 비로소 제품을 판매할 수가 있습니다. 공장등록과 전

기안전 검사는 신청만 하는 것이 아니라 모든 조건이 구비되었는지를 공인기관의 실무자들이 직접 나와서 보고 확인한다는 것입니다. 그리고 매년 다시 점검을 받아야 합니다. 이러한 조건을 다 갖추었던 ○○○○○○○○에 남은 것이 없습니다.(첨부사진 참조)

6. 피고인들은 ○○○○○○○○○의 경영상 어려움으로 인하여 사업이 잘 안 되어 ○○○○○○○○○를 만들어 사업을 했다고 주장합니다. 그런데 왜 동일한 장소에 동일한 제조업으로 법인의 목적까지 똑같은 회사를 만들었을까요? 우리나라의 사업자 대분류에는 도, 소매업도 있는데 말입니다. 새로운 영업을 하고자 설립한 회사라면 도, 소매업만으로도 충분했을 것입니다.

7. 피고인들에 적용되는 혐의가 횡령이 아닌 업무상배임인 점을 감안하신다면 ○○○○○○○○가 설립 후부터 현재까지 발생한 모든 매출액을 피해금액으로 보는 것이 정당하다 할 것입니다. 공소장 변경을 명하여 현 시점에서 배임 금액이 적용되어지도록 하여 주시길 바랍니다.

존경하는 재판장님!

기술이 없고 특허가 무익하여 회사 운영에 심각한 어려움이 있었다면 폐업을 하고 회사를 정리하는 것이 정당한 것이지 다른 회사를 만드는 것은 아니라고 봅니다.
첨부한 사진들은 다음 공판에서 보실 배경사진과 동영상 속에 나오는 장면으로 ○○○○○○○○○의 고장 내부 정지 사진입니다. 사진 속 그 어디에도 제품을 만든다고 볼 수 있는 시설이나 장비가 없습니다. 이는 두 개의 회사 중 하나는 가공의 유령회사라는 것을 명백하게 증명하고 있는 것입니다. 동일한 장소에 똑같은 제품을 제조하는 회사를 만들고 두 회사의 사무실은 하나로 같이 쓰며 두 회사의 임원들은 모두 한 가족입니다.

두 개의 회사가 과연 생산, 영업, 회계, 등 모든 업무적으로 각각 독립되어질 수 있었을까요? 두 개의 회사가 서로 다르다고 이해할 수 있을까요? 피고인들이 두 개의 회사를 하나로 운영하면서 무엇을 했을지는 말하지 않아도 누구나 알 수 있는 것입니다.

피고인들은 치밀한 계획으로 오랜 기간에 걸쳐 불법으로 회사를 운영하였습니다. 자신들의 불법을 감추려고 아무 죄 없는 사람에게 누명을 씌워 무고도 하였습니다.

회사의 주인인 주주들의 정당한 권리 요구에 대하여 단 한 번도 이행하지 않았습니다. 오로지 피고인들의 사익만을 추구하며 전혀 반성하지 않고 지금도 불법을 자행하고 있습니다. 이에 피고인들을 엄벌에 처해 주시길 다시 한번 간곡히 청원 드립니다.

항상 건강하시고 행복하시길 기원합니다. 감사합니다.

○○○○. ○. ○.
구○○

탄원서

• 사건명: 업무상배임
• 피고인: 최○○, 강○○
• 고소인: 구○○(주식회사○○○○○○○○ 주주)

존경하는 재판장님!

먼저 변호인 의견서 복사를 허락하여 주신 재판장님의 깊으신 배려에 머리 숙여 감사드립니다. 세상에서 유일하게 저의 이야기에 귀 기울여 들어주셔야 할 분은 오직 재판장님뿐입니다. 동업이라는 것으로 5년여의 긴 시간 동안 저는 인내하고 또 참아 가며 후회하지 않기 위해 몸부림치며 버텨 왔습니다. 그런 저를 피고인들이 절도로, 업무상 배임과 횡령으로 고소하며 시작된 저의 고통을 어떻게 말로 설명할 수가 있겠습니까? 자신들이 저지른 잘못은 전혀 생각하지도 않고 반성하지도 않으며 그 잘못을 덮기 위해 아직도 위선과 거짓으로 일관하는 피고인들을 어떻게 용서할 수 있겠습니까? 아래 사정을 깊이 참작하시어 죄에 합당한 엄벌로 원칙이 바로 서는 법의 준엄함을 보여 주시길 간곡히 청원 드립니다.

피고인들은 치밀한 계획으로 오랜 기간에 걸쳐 불법으로 회사를 운영하였을 뿐만 아니라 자신들의 불법을 숨기고 회사의 주인인 주주들의 정당한 권리 요구에 대해서는 단 한 번도 이행하지 않았습니다. 오로지 피고인들의 사익만을 추구하며 전혀 반성하지 않고 현재도 불법을 자행하고 있습니다. 이에 피고인들을 엄벌에 처해 주시길 다시 한번 간곡히 청원 드립니다.

항상 건강하시고 행복하시길 기원합니다. 감사합니다.

ㅇㅇㅇㅇ. ㅇ. ㅇ.

탄원서

- 사건명: 업무상배임
- 피고인: 최○○, 강○○
- 고소인: 구○○(주식회사○○○○○○○○ 주주)

존경하는 재판장님!

벌써 본 재판을 시작한 지도 ○개월을 지나게 되어 이제 선고까지 하면 약 1년을 보내게 됩니다. 긴 시간 동안 많은 것을 살펴 헤아려 주셨고 이번엔 사실조회 회신 서류 복사도 허락하여 주신 재판장님의 깊으신 배려와 관심에 다시 한번 머리 숙여 감사드립니다.

긴 시간동안 많은 증거 자료를 제출하면서도 본 사건의 쟁점이 희석될까 근심하고 마음 졸인 것이 얼마인지 이젠 기억조차 나지 않습니다. 다시 한번 아래의 사정을 깊이 침작하여 주시어 죄에 합당한 엄벌로 원칙이 바로 서는 법의 준엄함을 피고인들에게 보여 주시길 간곡히 청원드립니다.

피고인들은 오로지 피고인들의 사익만을 추구하며 전혀 반성하지 않고 현재에도 불법이 자행되고 있는 현재 진행형인 불법 상황임을 침작하시어 피해금액을 최소한 ○○○○년 결산 기준금액으로 산정하여 판결하여 주시길 다시 한번 간곡히 청원드립니다.

　항상 건강하시고 행복하시길 기원 드립니다. 감사합니다.

○○○○. ○. ○.

구○○

탄원서

- 사건명: 업무상배임
- 피고인: 최○○, 강○○
- 고소인: 구○○(주식회사 ○○○○○○○○ 주주)

존경하는 재판장님!

11개월의 긴 시간의 종착점 앞에 도달하여 재판장님의 현명하신 판결을 목전에 두고 있습니다. 긴 시간 동안 많은 것을 살펴 주셨기에 재판장님의 깊으신 배려와 관심에 다시 한번 감사드립니다.

피고인들은 변호인을 통하여 마지막 변론을 하였습니다. 피고인들의 변호인을 통한 마지막 변론을 요약해 보면 3가지로 말할 수 있을 것입니다. 이 3가지 변론이 모두 거짓이라는 것을 분명한 증거들로 다시 한번 입증하고 합니다.

이에 대하여 숨이 멎는 간절한 마음으로 저의 마지막 의견을 청원 드리오니 원칙이 바로서는 법의 준엄함으로 피고인들의 죗값에 합당한 엄벌을 내려 주시길 바랍니다.(하략)

탄원서

- **사건명: 업무상배임**
- **피고인: 강○○**
- **탄원인: 구○○(피해자)**

존경하는 재판장님!

온 세상이 하얀 눈으로 덮여 아름다운 이 새벽에 저만 슬픔으로 온 밤을 꼬박 새우고 이 새벽에 몇 번씩 글을 써 봅니다. 피해자인데도 고작 할 수 있는 것이 이렇게 글을 써서 보내는 것뿐이라 너무나도 초라하고 억울하기만 합니다.

법을 믿고 판사님을 믿는 마음을 끝까지 버리지 못하는 이 간절한 마음 글로는 다 하지 못하지만 저의 탄원을 살펴 주시길 바랍니다. 피고인들이 저를 절도로 고소하였을 때나 재차 배임 및 횡령으로 고소를 했을 때, 그때는 이렇게 억울하지는 않았습니다. 왜냐하면 죄를 짓지 않았기 때문에 떳떳하게 자신이 있었습니다.

그러나 피해자들에게는 전혀 무관심하면서 돈으로 유명한 힘 있는 변호인을 내세워 법의 약점을 이용해 죄를 모면하려 하는 피고인들의 행태가 지금은 너무나도 억울하고 화가 납니다.

　법을, 판사님을 믿지 못한다면 제가 어떻게 이 나라에서 열심히 일을 하고 봉사하며 아이들을 키우며 살겠습니까? 법과 원칙이 바로 서는 것이 저의 편을 들어 주는 것이 아닙니다. 다만 공평해야 한다고 생각합니다. 무엇보다 공평해야 하는 것이 심판이고 법이라고 믿습니다. 피해자인 제가 부탁드리는 것은 죄에 합당한 벌이어야 한다는 것입니다. 부디 억울함이 없도록 공평히 판결하여 주시길 간절히 탄원 드립니다.

　항상 건강하시고 행복하시길 기원 드립니다. 감사합니다.

○○○○년 ○월 ○일

구○○

탄원서

- 사건명: 업무상횡령
- 피고인: 김○○
- 탄원인: 이○○

존경하는 재판장님께.

저는 김○○의 처로서 현재 ○○에서 세 아들(○○, ○○, ○○)과 함께 거주하고 있습니다. 저희 가족은 ○○○○년 ○월 ○일에 ○○○○○의 남부 ○○○○로 이주하였으며 당시 전립선 암 수술을 받으시고 ○○○○로 홀로 살고 계신 시아버님을 보살펴 드리고자 아파트를 렌트하여 살기 시작하였습니다.

남편은 ○○년 ○○의 여파로 당시 건실했던 의류 사업이 어려움을 겪게 되자 가족과 함께 ○○에서 아버님의 유지를 받들어 삶의 터전을 일구고자 하였지만 ○○○○년 ○○○ ○○발생으로 새 사업을 시도도 못한 채, ○○사회의 혼란과 경제난으로 인하여 홀로 한국에 돌아가게 되었습니다.

남편은 고군분투하여 ○○○○ 수행을 하면서 어려운 사람들을 돕고자 ○○○을 세웠고, 어느 정도 일도 원활히 풀리기 시작해서, ○○한 대로 집 한 채 없으면서도 한국과 ○○에서 여러 복지 기관을 통하여 어려운 처지의 학생들과 소아암 환자 돕기 및 ○○○○에 도움을 보태었습니다.

하지만 저희 가족은 김○○의 무리한 투자 권유로 ○○○○년부터 큰 혼란 속에 빠지게 되었습니다. ○○○○년 ○월 남편이 시아버님의 장례를 치르느라 ○○에 머물 때, 남편은 김 ○○ 씨의 집요한 (투자) 부탁을 어찌할지 모르겠다면서 저녁 식사 중에 제게 조언을 구했습니다. 지금도 이해할 수 없지만, 저의 강력한 반대에도 불구하고 김○○ 씨가 요구한 대로 결정을 내렸습니다.

한 순간의 잘못된 결정으로 남편은 상당한 금액의 주식을 샀고 엄청난 피해를 입었습니다. 급기야 ○○○○년에는 아이들의 등록금 마련조차 어려워져서 (전) ○○○ ○○이자 (현)○○○와 ○○○ ○○이신 ○○ ○○님께서 장학금을 지급해 주셨고 세 아들 모두 ○○ 유치원을 졸업하였습니다.

이렇듯 남편은 지난 7년 동안 심신이 지친 상태에서 이젠 홀로 남으신 어머님을 돌보아 드려야 하는 처지에 놓여 있습니다. 5년 전부터 치매를 앓고 계신 어머니께서 병세가 악화되어 아들의 얼굴도 잊으실까 봐 마음 졸이고 있습니다.

저희 가족은 ○○세의 노모께서 여생을 맏아들을 의지하여 편안하게 마무리 지으실 수 있기만 바랄 뿐입니다. 남편은 제가 귀국하려 하자, 타고난 강한 자존심으로 아내인 제가 면회를 와도 만나 주지 않을 것이니 아이들 뒷바라지에 전념해 줄 것을 당부하였습니다. 같은 대학교에서 1학년 때 만나 ○○년 간을 지켜본 저로서는 남편의 성정을 잘 알기에 매일 인터넷 서신에 의존하며 아이들의 일상을 알려 줄 수밖에 없는 나날을 보내고 있습니다.

존경하는 재판장님,

사람으로 태어나서 이 세상을 살다 보면 굳게 믿었던 사람에 대한 잘못된 판단으로 실수도 하고 인고를 겪게 되는데, 남편이 현재 이런 상황에 처해 있다고 봅니다. 남편은 지난 5개월여의 수감 생활 동안 깊이 반성하면서 소년수방에서 자원 봉사도 하고 있고, 본 사건 책임의 일부를 본인의 잘못으로 뉘우치고 있습니다.

부디 판사님께서 남편이 홀로 반평생을 살아오신 어머님 곁에서 자식된 도리를 다하고, 저희 가족이 남편을 중심으로 사회에 도움을 주며 살아갈 수 있도록 선처하여 주시길 간곡히 탄원합니다. 자비로우신 판결을 내려 주시길 바라겠습니다.

○○○○년 ○월 ○일
탄원인 이○○

탄원서

- **사건명: 자본시장과금융투자업에관한법률위반**
- **피고인: 김○○**
- **탄원인: 김○○**

존경하는 재판장님께,

저는 김○○ 씨의 ○○으로서 현재 ○○에 있는 ○○○ ○○○○○에서 ○○ ○○의 ○○○○병 상병으로 복무 중에 있습니다.

저는 이 사건이 일어난 ○○년 이후에 저희 가족에게 일어난 일들에 대해서 간단히 말하고자 합니다. 그리고 저희 아버지께서는 오히려 가해자가 아닌 피해자임을 알려드리고자 합니다.

우선 제 기억으로는 아버지의 잘못된 결정으로 ○○○○년에 이르러서는 저와 제 동생 모두 대학교 등록금과 생활비 마련이 힘들게 되었고 아버지께서는 저희 가족 모두 한국으로 돌아갈 결정을 내리셨습니다. 그리고 저와 제 동생들이 한국 군대에 입대해서 한국에서 학업을 마칠 것을 종용하셨습니다. 이때 ○○에서 15년 동안 교육받아 온 저희 형제들의 사정을 잘 알고 계시는 ○○○○ ○○님께서는 마지막 학기에 장학금을 지급해 주셔서 ○○○○년에 무사히 대학교를 마칠 수 있었습니다. 그 이후, 제가 한국인으로서 ○○ ○○에 입대를 힘들게 결정한 이유는 이 길만이 장남으로서 가족을 부양하면서 ○○대 진학을 하여 ○○ 장학금으로 학업을 이어가기 위한 가장 적절한 방법일 것이라고 생각했기 때문입니다. ○○의 길을 가고자 한 선택은 저의 선택이지만 아버지께 늘 "개인의 이익보다 인류의 ○○○○에 도움이 되는 ○○가 되라"는 말씀을 자주 하셨기 때문이기도 합니다. 그 이후로 최근 3년 동안 ○○병 근무, ○○○ 학원 강사, 그리고 ○○구조사로 일하면서 올해 초에 학비를 다 갚을 수 있게 되었습니다.

작년 10월에 저와 동생은 16년 만에 한국을 방문하였고 그때 할머니께서는 치매가 많이 진행되셨음에도 불구하고 저희를 충분히 알아보셔서 무척 기뻤습니다. 그때 아버지께서도 할머니와 함께 계실 때가 가장 행복해 보이셨습니다. 아버지께서는 할머니께서 반평생 할아버지와 헤어져서 홀로 사셨기 때문에 장남으로서 할머니 곁을 지키고 싶어 하셨으며 저희가 ○○에 있는 동안에 할머니를 꼼꼼히 잘 챙겨 오셨음을 직접 확인할 수 있었습니다. 이런 아버지께서 할머니 곁을 떠나 6개월여 동안 구치소에서 지내는 것은 얼마나 큰 고통인지 저는 충분히 알 수가 있었습니다. 특히 ○○구조사로 일을 하면서 노인들을 후송할 때 노인들의 마음 상태와 불안한 정신 상태를 직접 보았기 때문에 할머니께서도 말씀은 안 하셔도 아버지를 몹시 기다리고 계실 것 같습니다. 그렇기 때문에 아버지께서 비록 잘못된 판단으로 이 사건에 책임이 전혀 없다고는 할 수 없겠지만 그간의 구치소 생활로도 충분히 죗값을 치루셨다고 생각합니다. 저 역시 아버지의 장남으로서 아버지께서 가족을 부양하는 책임을 다하지 못하시고 병중이신 어머니를 돌보지 못하고 있다는 자괴감에 빠져 계실 것을 충분히 이해할 수 있을 것 같습니다. 직접 면회 가지 못하는 저의 심정과 저희 가족에 대한 오해를 이 탄원서를 통하여 재판장님께 조금이나마 풀어드리고 싶습니다.

　존경하는 재판장님,

　이러한 모든 상황을 감안하셔서 아버지와 할머니께서 빠른 시일 안에 만남이 이루어질 수 있도록 선처하며 주시고, 자비로운 판결 내려주시길 간절히 바랍니다.

○○○○년 ○월 ○일

탄원인 김○○

탄원서

- **사건명**: 자본시장과금융투자업에관한법률위반
- **피고인**: 김○○
- **탄원인**: 김○○ 외

피고인 김○○이 현재 어려운 상황에 처해 있어 이를 안타깝게 여긴 피고인 김○○의 가족 및 지인들이 피고인의 선처를 구하는 마음에서 탄원서를 작성하였습니다. 피고인 김○○이 깊이 반성하고 있다는 점과 탄원서에 기재된 저간의 내용을 고려하시어 재판부에서 선처해 주시기를 바랍니다.

공평하신 잣대로 사회를 정의롭게 이끄시며 수고 많으신 판사님께 감히 몇 자 올립니다. 저는 김○○의 큰 누나로서 이러한 불행이 생김에 미연에 막지 못한 저에게도 많은 책임이 있습니다. 매일 아들을 찾고 울부짖는 ○○이 넘으신 어머니의 모습을 차마 뵙고만 있을 수가 없어서 용기를 냅니다. 치매도 오시고 거동도 거의 못하시고 해서 작은 동생이 모시고 지내는데 언제 돌아가실지 하루하루가 다릅니다. 동생을 못 보고 돌아가시면 그 회한은 죽는 날까지 남아 얼마나 괴로워하며 살지 생각하기도 마음 아픕니다.

　○월 ○일부터 7개월이 넘어갑니다. 부모님들께도 참 좋은 아들이지만 형제들이나 이웃들도 많이 돕는 사람입니다. 대장암에 걸린 여동생의 병원비도 오빠로서 도와주어 완쾌하게 했고, 형제들은 물론이거니와 어려운 이웃들을 위해서도 아낌없이 돕고 위로하는 선한 사람입니다. 자신과 다른 ○○를 가진 ○○님의 병환에도 ○○님의 수술비도 보내드리고 했습니다.

　평소에 책임감도 강하고 인정 많고 선한 사람이라고 생각했기에 이러한 현실에 너무 슬프고 당황스럽습니다. 저희 온 가족은 하루도 거르지 않고 마음을 다해 ○○드리며 재판장님의 선하신 재판 결과를 손 모아 기다립니다. 항상 건강하시기를 기원합니다.

○○○○년 ○월

김○○의 큰누나 올림

탄원서

- 사건명: 자본시장과금융투자업에관한법률위반
- 피고인: 김○○
- 탄원인: 정○○

존경하는 재판장님께

안녕하십니까? 재판장님 저는 현재 ○○소년 교도소에서 수감생활을 하고 있는 ○○○ 정○○이라고 합니다. ○○삼촌과의 만남은 제가 2심 중에 ○○ 구치소에 봉사원으로 오셨을 때였습니다.

제가 이런 처지에 누구에게 잘했다 못했다 이런 걸 판단할 사람이 아니란 것은 알고 있습니다. 하지만 ○○삼촌 같이 좋은 분께서 하루 빨리 사회로 돌아가셨으면 하는 바람으로 이렇게 글을 쓰고 있습니다. ○○삼촌께서는 제가 살을 빼는 데에 많이 힘겨워했을 때 옆에서 많은 격려와 응원도 해 주었습니다. 그러고 나서 살이 10kg이 넘게 빠져서 항상 감사드리고 있습니다.

그리고 꿈이 없는 저에게 같이 한번 꿈을 키워 주려고 노력해 주셨습니다. 아직 제 마음이 확고하진 않지만 흥미를 가지고 배워 보려고 지

157

금의 저는 검정고시 반에서 공부를 하고 제가 합격하게 되면 직업훈련 "한식조리"에 가서 한 번 꿈을 키워 보려고 합니다. ○○삼촌께서도 저에게 꿈을 키우는 데 많은 도움이 되어 주시려고 합니다. 저뿐만 아니라 같이 지내는 소년수들에게도 힘이 되어 주시고 꿈도 키워 주십니다. 상담 같은 것도 곧잘 해주시고 정말 아들처럼 잘해 주셨습니다.

저는 ○○삼촌께서 이런 곳에 계시지 않고 사회로 복귀하셔서 좋은 일을 하셨으면 좋겠습니다. 재판장님 제가 감히 재판장님께 이런 말을 할 수 있는 자격이 있는지는 잘 모르겠지만 한 번만 부탁드리겠습니다. 정말 한번만 저희 김○○삼촌께 선처를 부탁드리겠습니다. 정말 항상 좋은 말씀해 주시고 긍정적이게 만들어 주신 삼촌이십니다. 정말 한 번만 더 ○○삼촌께 기회를 주셨으면 좋겠습니다 선처 부탁드립니다. 제 모자란 글을 끝까지 읽어 주셔서 감사드립니다.

○○○○년 ○월 ○일

정○○ 올림

탄원서

- 사건명: 특정경제범죄가중처벌등에관한법률위반(뇌물)
- 피고인: 이○○

존경하는 재판장님

피고인 이○○입니다. 검찰의 공소사실만 보면 저는 변명의 여지없는 죄인입니다. 제가 검찰의 소환요구를 받게 되고, 구속영장이 청구되어 구속되기까지 저로서는 참으로 많은 회한과 눈물을 흘려야만 했습니다. 왜 김○○이 저를 ○○○○년에 만나고도 ○○○○년에 만났다고 말하는 것일까? ○○○○년 이○○과 함께 ○○○○○○에서 만난 것을 왜 부인하는지 의문입니다.

존경하는 재판장님,

제가 진술한 위와 같은 내용은 이 사건 공소사실과는 크게 관련이 없습니다. 다만 저의 기억 속에서 사실일 따름입니다. 이제 와서야 김○○은 ○○○○년 ○월 이후 저에게 ○○○○의 뇌물을 주기 시작했다고 말하기 때문에 ○○○○년경에 저를 알았다고 하거나 ○○○○년경에 김○○ 지사장님과 만난 사실을 인정하기가 곤란했던 것으로 보여집니다. ○○○○년 ○○○○○○에 만난 것도 제가 검찰조사를 받은 후 이○○을 찾아가 그 시기를 물어보니 ○○지사에 근무할 때이고 4~5년 정도 되었다고 이○○이 말을 해 주어 정확히 알게 되었습니다. 김○○은 ○○○○년경에 사용하던 차명계좌를 숨기고, 김○○ 본인 명의 계좌로 수임료를 입금받아 변호사법을 위반한 내역도 모두 숨겼습니다. 최근에서야 변호인을 통해 그 금액이 27억 원에 이른다는 김○○의 접견 진술이 있음을 듣고 참으로 어이없는 심정입니다.

존경하는 재판장님,

김○○은 제가 공단 근처에서 돈을 받지 않아 집 근처나 ○○정식 근처에서 돈을 줬다고 말하고 전○○는 휴가까지 내고 ○○○○○○ ○○지사 근처로 와서 돈을 주었다고 말합니다. 김○○은 저에게 자기 명의 계좌를 개설해 뇌물을 주는 용도로 현금 카드를 교부받아 주었다고 말하고, 김○○은 임○○로부터 받은 돈을 이○○에게 뇌물로 주기위해 박○○이나 박○○의 차명계좌를 개설했다고 하면서도 저의 변호인이 재판장에서 그럼 아예 통장과 카드를 건네 주지 그랬느냐는 말에 "이○○가 그걸 받겠습니까?"라고 증언하였습니다. 이 사람들이 말이 맞으면 저는 정반대의 모순된 행동을 특정인에 대해 일관되게 하는 사람이 됩니다. 누구한테서는 ○○에서 돈을 받고, 누구한테서는 집 근처에서 돈을 준다는 식이나 누구한테는 현금을 받고, 누구한테는 통장과 카드를 건네받는 식으로 말입니다.

저는 지금껏 인터넷뱅킹도 폰뱅킹도 할 줄 모릅니다. 저는 ○○대학교 ○○학과에 진학하여 ○○○○ ○○로 국내 기록을 가지고 있는 ○○○○ 출신입니다. 삶에서 원리와 원칙이 아주 중요한 덕목 중에 하나이고 더불어 사람의 인격에는 높낮이가 없다는 가치관을 가지고 있습니다. 하지만 이번 일을 겪으면서 저의 원칙과 가치관의 혼동으로 재판보다 더 힘든 날들을 보내고 있습니다. 저는 인간에게는 인간적인 정과 정의감이 모두 필요하다고 생각합니다. 정의감이라는 이유로 저와 무관한 사람들을 구렁텅이로 몰아넣고 싶지는 않습니다.

○○○○년 ○월경 검찰 파견 직원 김○○으로부터 협조요청을 받았을 때에도 저에게 직접 해코지를 하지 않은 누군가를 범죄자로 낙인찍어 진술하는 일을 차마 할 수 없었습니다. 김○○이 ○○○○년 ○월경 저에게 도움의 손길을 내밀었을 때 ○○○○년 ○○지사의 진정사건 이후 7년여 만에 처음 만난 정○○이 함께 간 것은 저에 대한 오해로 미안한 마음을 갖고 있던 정○○이 얼굴이나 보자며 전화를 했기 때문입니다. 게다가 어떠한 사유에서든지 제가 김○○에게 약점이 잡혀서 김○○에게 뇌물로 받은 돈을 돌려주는 자리였다면 정○○을 그 자리에 오라고 하지 않았을 것입니다.

존경하는 재판장님,

하지만 아직도 저는 믿고 있고 믿고 싶습니다. 진실은 결국 하나이고 그 진실은 언젠가 밝혀지게 된다는 것을요. 저는 현실의 단편적인 이익을 추구하느라 역사를 소홀히하는 어리석음을 범하지 않을 것이며, 그것은 이 사건을 겪고 있는 지금이나 앞으로도 마찬가지일 것입니다.

　부디 방대한 증거서류를 보시기에 힘이 드시겠사오나 하나의 사건으로만 보지 마시고 한 인간의 전 인격적인 존재의 문제로 여겨 주시기를 간절히 부탁드리오며 미욱하고 두서없는 글 끝까지 읽어 주셔서 감사합니다.

○○○○. ○. ○.

이○○ 올립니다.

탄원서

- 사건명: 특정경제범죄가중처벌등에관한법률위반(뇌물)
- 피고인: 이○○

존경하는 재판장님!

저는 ○○○○년도에 ○○○○공단에 입사하여 그곳에서 지금의 아내를 만나 ○○○○년에 결혼하여 20여 년을 아내와 같이 열심히 직장생활을 하였습니다. 저와 아내는 월급의 대부분을 저축하면서 최소한의 비용으로 생활을 하였고 아끼고 모아 집을 마련하게 되는 꿈을 이루게 되었습니다.

그런데 이렇게 열심히 살아왔던 과거의 흔적들이 지금에 이르러 억대의 뇌물을 받았다는 모함으로 구속되었을 때 말로 다 표현할 수 없는 참혹한 심정이었습니다. 이로 인해 12년이라는 검찰의 높은 구형을 받고 저는 절망한 상태였습니다. 그런데 생각지도 못한 직권보석이라는 생애 가장 큰 추석선물을 받아 석방되어 가족과 함께 어머님 산소를 찾아 성묘를 할 수 있게 되어 너무나도 큰 감사드립니다. 제가 구속된 것을 정확히 알지 못하던 초등학교 6학년 아들은 밤마다 제가 집에 돌아오는 꿈을 꾸고 그 얘기를 아내에게 들려 주곤 하면서 내가 아빠를 많이 보고 싶어 하니까 곧 아빠가 돌아올 것이라고 예언하듯 말을 하는 아들에게 아내는 차마 아빠가 구속된 사실을 알릴 수가 없었다고 합니다.

　존경하는 재판장님.

　저는 평생 인터넷뱅킹이나 폰뱅킹을 사용한 적이 없습니다. 인터넷 사용이 익숙하지 않은 사람이었고 지금도 휴대폰에 무언가 프로그램이 깔리는 것은 두렵기만 한 일입니다. 아내도 불과 몇 년 전부터 인터넷뱅킹을 이용하기는 하지만 폰뱅킹이나 스마트뱅킹 등 휴대폰을 이용한 거래는 하지 않으며 휴대폰을 이용한 쇼핑도 전혀 할 줄 모릅니다. 인터넷뱅킹은 편리함은 있지만 개인정보 유출 등 문제가 많다고 하여 번거롭지만 은행을 직접 방문하는 수고로움이 몸에 익숙한 상태였습니다. 제가 주로 저축을 위해 사용한 ○○은행 거래내역을 확인해 보니 그동안 꾸준히 모은 돈을 정기예금으로 맡기고, 찾은 돈을 합치거나 분산하여 또 다시 적립식 펀드 상품에 맡기는 등의 거래를 반복하면서 점점 재산이 모여 갔던 것을 확인하였습니다.

　존경하는 재판장님.

　검찰조사과정에서 "이○○ 씨가 처벌받아야 이○○ 씨 자식들이 사는 세상이 더 맑아질 것이다"라는 모욕적인 말을 듣고 저는 너무나도 비참

한 심정이었습니다. 저는 제 아이들과 아내에게 부끄럽지 않은 아빠이
자 남편이라고 자부하고 살아왔기 때문입니다. 진실이지만 과연 저의
진실이 법의 문턱을 넘어 빛을 볼 수 있을지 미지수였기 때문에 저는
억울함과 분함으로 독기 가득한 수용생활을 하고 있었지만 제 아버지
와 아내는 한결같이 저의 진실을 믿고 기다려 주었습니다.

저는 저의 진실을 그대로 믿어 준 변호사님과 그 진실을 밝힐 수 있
는 기회를 제공해 주신 재판장님과 재판부의 배려로 많은 자료를 다시
보면서 완벽하지는 않지만 그들이 왜 그래야만 했는지 아주 조금 짐작
하게 되었습니다. 저는 이번 사건으로 ○○년 살아온 제 삶의 나침반을
잃었고 갈피를 잡지 못했습니다. 하지만 저를 변함없이 믿어 준 제 가
족들과 많은 기록을 살피고 방대한 증거자료를 수집하여 저의 말이 진
실임을 입증하고자 노력했던 변호사님, 검찰이 12년형을 구형한 상태
에서도 직권보석이라는 결단과 2번의 판결 선고기일 연기를 통해 충실
한 기록검토에 대한 열정을 보여 주신 재판부로 인해 저는 다시 일어설
용기를 얻고 있습니다.

존경하는 재판장님!

저는 최후진술의 기회가 주어졌을 때 할 말을 잃었습니다. 사실 무슨
말을 어떻게 해야 할지 머릿속이 하얗게 변해 버렸고 저의 말문은 막혀
버렸습니다. 검찰의 구형을 듣기 겁이 나 재판시간 내내 차 속에서 홀
로 울음을 삼킬 아내, 아내를 대신해 아내의 눈과 귀가 법정에 홀로 앉
아 있던 처제, 저의 무죄를 믿고 간절함으로 장시간 변론에 임하신 변

호사님, ○○이 넘은 나이에 재판을 참관하고자 춘천에서 전철을 타고 거의 대부분 재판에 참석하신 아버지의 모습이 떠오르면서 저는 가슴과 머리가 모두 하얘졌기 때문입니다. 김○○과 임○○의 울먹이는 듯한 최후진술, 4개월의 낮은 구형을 받고 담담했던 전○○의 최후진술은 저에게는 그냥 소리에 불과했습니다.

저는 석방된 후 녹취록이 아닌 접견녹음을 직접 듣게 되었습니다. 인간의 이중적이고 기만적인 모습은 저에 대한 거짓 진술에서 이미 짐작하고 있었지만 그 접견 녹음을 직접 들어 보니 이 사건에서의 김○○의 진술이 허위와 기만으로 점철될 수밖에 없었던 이유를 알게 되었습니다. 젖먹이 아이와 아내 앞에서 울먹이며 최후진술을 하던 임○○도 비록 다른 사건이기는 하지만 자신의 울음 섞인 최후진술이 연기였다고 하면서 스스로 재판부를 기만했음을 자백하는 부분에서 저는 치밀하고 계산적인 모습에 말문이 막혔습니다.

그리고 저는 김○○이 왜 제가 ○○지사에 재직하던 ○○○○년이 아니고 ○○○○년경 저를 알게 되었다고 진술하는지, 왜 김○○과 함께 ○○○○년경 저를 만난 사실을 부인하는지, 왜 전○○가 최초 ○○○○년경 저를 만났다고 진술한 것인지, 임○○와 김○○은 ○○○○. ○. ○.경 금전거래를 하는 등 알고 지냈음에도 왜 ○○○○. ○월 경처음 만난 것으로 진술하는지 짐작조차 하지 못하였는데 접견 녹음을 듣고 그제서야 그 이유를 깨달았습니다.

제가 결코 걷기를 희망하지 않았던 길 위에 저를 마음대로 올려 놓고 그 길을 걸어간 수많은 공단직원들이 저를 비웃고 있을 것을 생각하면 참으로 참기 어려운 것이 현실입니다. 그래도 희망은 있습니다. 재판부의 선처로 석방된 후 저의 허리통증이 오랜 시간 앉아 소송서류를 본 것에 따른 것이 아니라 "대상포진"이라는 것을 알게 되었습니다. 만약 재판부에서 그 무렵 저를 석방시켜 주지 않았다면 대상포진 바이러스가 몸 속 어딘가로 침투해 건강을 잃을 뻔했다는 사실을 알고서 다시한번 재판부의 석방조치에 감사한 마음뿐입니다.

존경하는 재판장님,

짧게 감사의 심경을 전하려던 글이 길어져 송구한 마음입니다. 마지막으로 다시 한번 재판부의 직권보석과 2차례 선고 연기로 자료를 정리할 수 있는 시간을 주신 점에 감사의 마음을 전하며 이만 글을 줄이고자 합니다. 또한 저에게 다시 세상 밖으로 나아가 인간과 사회를 믿을 용기와 희망을 가질 수 있게 해 주신 점 진심으로 감사드립니다.

○○○○. ○. ○.
피고인 이○○

탄원서

- **사건명: 특정경제범죄가중처벌등에관한법률위반(뇌물)**
- **피고인: 이○○**
- **탄원인: 이○○**

존경하는 재판장님!

저는 이○○의 아내입니다. 남편의 손을 다시 잡게 해 주신 재판부의 따뜻한 배려에 감사의 말씀을 전하고자 펜을 들었습니다. 법에 문외한인 제가 이런 감사편지를 법원에 제출해도 되는 건지 하는 고민을 하며 고마운 제 마음을 재판부에 꼭 전달하고 싶어 몇 자 올리게 되었습니다.

추석을 앞둔 ○월의 끝자락에 직권보석으로 나온 남편은 그날 밤 집에 돌아와 제일 먼저 한 일이 아들의 무릎에 난 상처에 약을 발라 주고 재우는 일이었습니다. 아빠가 있어 무섭지 않다고 편하게 잠든 아들의 얼굴은 행복해 보였습니다. 남편은 구치소 방에서 같이 지내던 사람들이 오늘밤은 넓게 잘 수 있어 다행이라 남겨진 사람들에 대한 미안함을 보였습니다. 저는 남편의 6개월을 물어볼 수가 없었고, 남편 또한 저의 지난 시간을 차마 물어보지 못했습니다. 어떻게 그 시간들을 말로 다 표현하겠습니까? 맺힌 눈물을 떨어뜨리지도 못하고 꾸역꾸역 울음을 삼키는 남편을 저는 바라만 보았고 그렇게 저희 부부는 침묵 속에서 새벽을 맞았습니다.

남편이 자신의 기록을 직접 보고, 듣고, 정리할 수 있는 시간들을 주시어 감사합니다. 남편의 아픈 몸을 치료 받게 해 주시어 너무 감사합니다. 연로하신 부모님들과 형제들, 그리고 우리 아이들의 마음이 위로 받을 수 있게 두 달여가 되어 가는 지금까지 남편과 저희 가족들은 조용하고 차분하게 하루하루를 보내고 있습니다. 행복의 조건에 대해 늘 물음표를 달고 살았었는데 행복이란 건 별다른 게 없는 것 같습니다. 이렇게 따뜻한 체온을 나눌 수 있는 온전한 내 편이 곁에 있다는 것만으로도 충분한 것 같습니다. 남편은 저에게 가장 소중한 사람입니다. 칸막이 없는 곳에서 남편 손 한번 잡아 보는 게 소원이었던 제게 이렇게 큰 선물을 주시어 정말 감사합니다.

존경하는 재판장님,

저는 이 글을 통해 6개월 동안의 긴 여정에 기꺼이 함께하면서 같이 울어 주시고 아파해 주셨던 우리 변호사님들과 수많은 재판 중의 하나일 뿐인데도 어느 것 하나 허투루 보지 않으시고 꼼꼼하게 살펴 봐 주신 재판부의 배려에 머리 숙여 깊은 감사를 드립니다. 아직 가야 할 길이 멀지만 같이 해 주시는 많은 분들이 있기에 다시 힘을 내어 걸어 볼까 합니다. 앞으로 내딛는 길이 멀지만 같이해 주시는 많은 분들이 있기에 다시 힘을 내서 걸어 볼까 합니다. 앞으로 내딛는 한 걸음 한 걸음에 남편과 저는 지금의 이 고마움을 잊지 않고 살겠습니다.

○○○○. ○. ○.

이○○ 올림

탄원서

• 사건명: 특정경제범죄가중처벌등에관한법률위반(배임)
• 피고인: 김○○
• 제출인: 피고인의 처 김○○

무더운 날씨와 과중한 업무로 수고가 많으신데 부담을 드려 송구한 마음이 있습니다. 저는 피고인 김○○의 처 김○○입니다. 두렵고 떨리는 심정으로 재판장님께 탄원을 올리니 안타까운 사정을 돌아보시고 넉넉하게 헤아려 주시기를 간곡히 부탁드립니다.

남편은 깊은 산골에서 자랐습니다. 대학교 2학년 때 전기가 들어올 정도였다고 합니다. 장손이 가문의 기둥이라고 믿는 집성촌의 부모님 밑에서 어른을 공경하고 아랫사람을 홀대하지 않는 것을 어릴 때부터 배웠다고 합니다. 그리고 어른들의 관심과 기대로 도회지로 나와 열심히 공부하여 대학에 입학했고 졸업한 후에는 ○○은행에 입행하였습니다.

남편은 이 모든 것이 ○○이고 집안 어른들의 기대와 관심이 있어서 가능하다고 믿었기에 자신의 부모님을 섬기는 것 외에도 일가친척들의 대소사까지 챙기고 섬겨왔습니다. 한 집안의 아들이라기보다 집성촌의 아들이었습니다. 이러한 책임감과 타고난 성실함으로 행원에서 시작하여 ○○년 ○월을 근무하며 부행장까지 올랐던 것 같습니다.

남편은 한 가문의 장손일 뿐만 아니라 한 가정의 가장으로 사랑과 존경을 받으며 살아왔습니다. 아이들에게는 성실과 노력, 배려와 감사를 가르쳐 왔고 여름에는 휴가를 가지 않고 온 가족이 봉사로 보람 있고 의미 있는 생활을 하려고 애썼습니다. 두 아이들도 이러한 부모의 가르침에 순종하며 잘 자라 주었고 주어진 역할을 잘 수행하는 사회인으로 성장했습니다. 특히 딸은 ○○고등학교의 ○○선생으로 학생들에게 좋은 의미를 심어 주었습니다. 남편은 아내인 저에게도 ○○년의 결혼생활 동안 존댓말을 하며 인격적으로 존중해 주었고 어떤 상황에서든 바르고 정직하게 살아가는 모습을 보였기에 저도 남편이 옳다고 믿고 지켜 온 가치를 따르며 살아왔습니다.

저희는 삶의 전반적인 일에 대해 대화를 자주 나누는 편이었습니다. 대화를 통해 ○○제목을 나누기 때문이었습니다. ○○○○년에 남편이 ○○○○의 ○○○로 이직하여 ○년의 임기를 마치고 떠나게 된 김○○ ○○○○ ○○○의 자리로 가게 되었을 때에도 저희는 대화를 나누었습니다. 제가 "○○○권에만 근무한 당신이 ○를 만드는 기업에 가서 일을 할 수 있겠느냐"고 남편에게 물었습니다. 이제 ○○은행과 인연이 끝났고, ○○○○에 가서 마지막 열정을 다해 일하고 직장생활을 마치

겠다고 했습니다. 저는 이런 남편의 뜻에 신뢰감이 들었고 한편으로 ㅇ
ㅇ은행 출신 전임자인 김ㅇㅇ 부사장도 ㅇㅇㅇㅇ에 가서 ㅇ년 임기를
별 문제없이 잘 마치고 퇴임했으니 저희 남편도 그렇게 되리라고 생각
했습니다.

하지만 ㅇㅇㅇㅇ에 부임한 남편의 표정은 어두웠습니다. 직장생활 ㅇ
ㅇ년 동안 이런 저런 어려움을 지나왔지만 새 직장에서 낯빛이 달라지
도록 어떤 어려움이 있는지 궁금해 하는 제게 "막상 가 보니 회사는 큰
데 곳간이 비어 있다" "더 이상 나랏돈을 쓰지 않고 돈을 벌어 갚아야
한다"고 했고 "유동성을 잘 관리하는 것이 내가 할 일이다"라고 했습니
다. 그때부터 힘들어하는 남편의 모습을 지켜보며 아내인 저도 마음고
생을 많이 했습니다.

재판장님!

하지만 남편은 회사의 어려운 상황을 보고만 있지 않고 적극적으로
변화시켜 나가려고 애썼습니다. "장기가 망가진 환자를 간이 나쁘다고
도려내고 폐가 나쁘다고 도려내고 다 도려내면 산소 호흡기를 달고 중
환자실로 가서 죽는 수밖에 없다, 하나씩 단계적으로 고쳐나가야 살 수
있다, 회사가 깔딱 고개에 걸려 있는데 열심히 해서 이 고비를 넘어가
야 한다"며 직원들에게 직접 강의를 하고 다녔습니다. ㅇㅇㅇㅇ의 성ㅇ
ㅇ 전노조위원장이 쓴 남편의 1심 때 탄원서에는 저희 남편이 사내 여
러 부서에서 직접강사로 나서 회사의 어려움을 설명하며 이를 극하기

위해 노력하자며 호소했으며 회사를 위해 많은 노력을 기울였고 "○○ 년 넘게 근무해 온 자신보다 오히려 더 열정이 넘치며 김○○ 부사장의 근무하는 모습을 보며 진심으로 회사와 조직을 위해 일하고 있다고 생 각했다"는 내용이 쓰여 있습니다.

존경하는 재판장님!

저는 지난 1심 공판을 ○○회 빠짐없이 지켜보았습니다. 매번 밤 12 시가 되어 마치는 공판. 12시간 이상 꼬박 앉아 있었지만 저는 구치소 접견 하루 10분이 얼마나 잠깐 지나가버리는지 말 한마디 나눌 수 없는 법정에서도 그저 볼 수 있고 한 공간에 있다는 것으로도 철없이 좋았습 니다. 그러나 그 공판을 통해 모든 책임을 저희 남편에게 떠넘기는 상 대방의 모습을 보면서 남편은 ○○○○에서 3년 동안 혈혈단신 외롭고 힘든 외부인에 불과했고 너무나 순진했음을 통탄하며 아내로서 ○○○ ○에 가지 말라고 막지 못한 것에 통곡하며 목 놓아 울고 싶었습니다.

제 남편의 안타까운 사정을 헤아려 주십시오, 남편은 돌다리도 두드 리며 건너야 하는 어찌 보면 소심하고 꼼꼼하고 확실해야만 되는 ○○ 이라는 조직문화 속에서 ○○년을 살아온 핏속까지 ○○○인 사람입니 다. 회계전문가도 아니고 ○○ 산업에 경험자도 아니며 단신으로 부임 한 사람이 더구나 정해진 급여 외에 아무런 이득도 없음에도 자신이 모 든 책임을 지고 그런 일을 할 이유가 없습니다.

그러므로 "분식회계와 불법대출을 혼자 주도하고 상부에 아무 보고도 하지 않았다"는 상대의 주장은 진실이 아닙니다. 남편은 이런 일을 적극 주도할 사람도 아니고 청춘부터 백발이 되기까지 ○○○이었던 사람으로는 할 수 없는 일입니다. 저희 남편은 그런 사람이 아닙니다.

게다가 남편은 이런 피치 못할 상황이 있었음에도 불구하고 자신이 회사의 중역으로서 불법을 막지 못했음을 깊이 후회하고 있고 본인의 불찰과 국민경제에 끼친 책임을 통감하며 깊이 반성하고 있으니 이를 헤아려 주십시오.

재판장님!

저희 가정에는 혼인을 앞둔 아들과 딸이 있습니다. 자식 둘을 잘 키워보자고 노력했던 부모로서는 옳고 성실하게 살려 했음에도 ○○○○에서 3년 근무한 것으로 남편은 감옥에 있고 딸 ○○이는 ○○학교 선생을 그만두고 귀국해서 황반변성으로 시각을 잃어가고 있는 할머니와 엄마인 저를 돌보며 지내고 있습니다. 아이들을 생각하면 억장이 무너집니다.

전처럼 가족들이 함께 할 수 있는 날이 속히 오기를 ○○드리며 눈물로 간청을 드립니다. 위의 진술한 모든 내용은 ○○님과 재판장님 앞에 거짓이 없음을 약속드립니다. 저희도 재판장님의 가정의 평안과 더운 날씨에 건강 잘 지켜 주시도록 ○○드립니다.

○○○○년 ○월 ○일
피고인 김○○의 처 김○○ 올림

탄원서

- 사건명: 특정경제범죄가중처벌등에관한법률위반(배임)
- 피고인: 신○○
- 탄원인: 문○○

사법 정의를 위한 재판장님의 노고에 경의를 표합니다. 피고인 신○○에 대해서 선처를 바라고자 이렇게 탄원서를 올립니다.

재판장님, 저는 ○○시 ○○구에서 ○○○을 운영하고 있는 문○○입니다. 저는 피고인 신○○과 ○○년도부터 친구로 때로는 업무를 함께하는 동반자이자 둘도 없는 의형제 같은 사이의 친구입니다. 피고인 신○○은 자기 자신보다 늘 남을 먼저 배려하며 근면, 성실, 믿음과 신뢰를 바탕으로 자기 일에 최선을 다하던 친구인 피고인에게 왜, 이렇게 크나큰 일이 벌어졌는지 모르겠습니다.

제가 함께 지낸 시간을 되돌아봐도 피고인이 주도해서 이렇게 큰일을 벌려 놓을 사람이 아닙니다. 현재 진행 중인 사건의 내용을 다는 인지하지 못하는 저이지만, 피고인이 다른 사람에게 도움을 주고, 자기 일에 더 열심히 하려는 일에 대한 강한 열정 때문에 이런 사건에 휩싸이게 되었다고 생각을 하고 있습니다. 피고인 본인도 지금 수감생활을 하면서 많은 반성과 후회를 하고 있습니다.

피고인 신ㅇㅇ은 현재 당뇨, 고혈압, 심장질환 등 여러 합병증으로 많은 약과 치료에 의존하고 있습니다. 자신의 몸보다 일을 먼저 생각하고 고객에게 더 신속하고, 실수 없이 업무를 처리해 드리기 위하여 늦은 밤까지도 일을 하곤 했습니다. 이런 피고인이 한 순간의 실수로 수년간 일해 온 직장과 일에 근원이 되는 믿음과 신뢰를 모두 잃어버린 상태입니다. 이번 사건으로 피땀 흘려 이뤄낸 모든 것을 한 순간에 내려놓게 되었습니다. 이에 피고인 신ㅇㅇ도 많은 후회와 깊은 반성을 하고 있습니다.

재판장님!

피고인 신ㅇㅇ은 한 가정의 가장으로 두 아이의 아빠이고, 두 자녀가 사춘기를 지나는 시기라서인지 아빠에 대한 생각을 많이 고민하고, 힘들어하고 있습니다. 두 자녀도 하루빨리 아빠가 본인들 곁으로 돌아와 주기를 간절히 소망하고 있습니다. 저 또한 피고인이 바른 생활을 할 수 있도록 하루빨리 사회로 돌아와 사회에 봉사하며 잘못한 점은 반성하고 뉘우치며, 새로운 삶을 살 수 있도록 선처를 부탁드립니다.

재판장님!

무더운 날씨에 항상 힘든 시간과의 싸움을 하시느라 건강을 잃지 않도록 조심하시고요! 친구를 위하는 마음이라 생각해 주시고, 깊은 배려에 감사드리겠습니다.

ㅇㅇㅇㅇ년 ㅇ월 ㅇ일

탄원서

- 사건명: 특정경제범죄가중처벌등에관한법률위반(배임)
- 피고인: 김○○

존경하는 재판장님!

피고인은 ○○○○고합○○○ 현재 1심 재판중인 ○○구치소 재감인 ○○○○번 김○○입니다.

먼저 피고인의 잘못으로 인하여 많은 분들께 실망을 안겨 드리고 사회에 큰 물의를 일으켜서 진심으로 잘못을 뉘우치며 머리 숙여 용서를 구합니다. 피고인이 진심으로 잘못했습니다. 죄송합니다.

피고인이 한순간의 판단 실수와 욕심으로 이번 일이 비롯되어 사랑하는 가족을 비롯한 직장 선후배 동료들 그리고 친지 및 친구들에게 큰 실망과 걱정을 끼쳐 드려서 그 부끄러움에 어느 한 순간도 제대로 고개를 들지 못하고 있습니다. 하루하루 이곳 구치소에서 참회하며 끊임없이 반성하며 또 반성하는 시간을 가지고 있습니다.

현재 피고인은 지난 ○월부터 시작된 구속생활로 인하여 남모를 고통으로 힘들게 지내고 있습니다. 혈압약, 전립선약, 그리고 정신과 처방을 받은 신경안정제를 매일 매일 복용하고 있습니다. 특히나 신경안정제 없이는 밤잠을 이루지 못할 정도로 극심한 불안과 우울증에 시달리고 있습니다.

그러나 이 모든 고통과 아픔이 피고인 스스로 자초한 일이어서 어떡하든 이겨내고 조금씩 나아지도록 부단히 노력하고 애쓰고 있는 것이 피고인이 처한 현실입니다. 이를 악물며 하루하루 힘겹게 버티고 있습니다.

존경하는 재판장님!

피고인은 제 스스로 저지른 잘못과 실수를 진심으로 뉘우치며 반성하며 씻을 수 없는 잘못을 용서받고 싶은 마음 너무나 간절하고 또 간절합니다. 어떠한 이유에서라도 쉽게 용서받을 수 없겠지만 참회하며 후회하는 진심어린 반성의 마음으로 모든 분들께 잘못을 지금이라도 늦었지만 용서받고 싶은 마음 가득합니다.

탄원서

- 사건명: 특정경제범죄가중처벌등에관한법률위반(배임)
- 피고인: 최○○
- 탄원인: ○○○○협동조합

탄원인 ○○○○협동조합은 위 사건에 관하여 피고인 최○○에 대하여 선처해 주실 것을 다음과 같이 탄원합니다.

다 음

1. 피고인 최○○가 ○○○○ 발전을 위해 최선을 다해 온 사실에 대해서는 ○○○○ 모든 지구원들이 잘 알고 있습니다.

특히 피고인 최○○가 ○○○○.경 ○○○○ 여신팀장을 한 이후 ○○○○의 예비대율, 이자수익금이 상당히 증가하였고 연체율이 감소함으로써 ○○○○의 자산 증가에 지대한 공헌을 하였습니다.

2. 또한 피고인 최○○는 자체 감사를 통해 이 사건 대출이 사고대출이라는 사실을 알아냈고 그 사실을 상급자에게 보고함으로써 ○○○○

의 추가 손해발생을 방지하는 데 크나큰 역할을 하였습니다.

3. 본 탄원인은 피고인 최ㅇㅇ가 고의로 이 사건 범행을 하였을 것이라고는 믿지 않으나 만약 재판부가 유죄를 선고하신다면 여러 사정을 고려하시어 피고인 최ㅇㅇ를 최대한 선처해 주시기를 간곡히 부탁드립니다.

탄원서

• 사건명: 특정경제범죄가중처벌등에관한법률위반(배임)
• 피고인: 곽○○
• 탄원인: ○○조합 손○○

　재판부에 노고를 끼쳐 드려 죄송합니다. 더불어 날카로운 지적으로 요리조리 핑계를 대며 범행을 부인하던 범인들의 자백을 받아 내고 정의로운 심판을 기대할 수 있게 해 주셔서 깊은 감사를 드립니다.

　저희 ○○은 재판이 끝난 후 여러 차례 범인들을 면회하여 피해회복을 간곡히 요청하였습니다. 재판을 통해 피해금액 중 상당한 금액을 이○○의 계좌에 가지고 있다가 유용한 것으로 드러난 이○○과 김○○에게는 전액이 아니라도 성의껏 반환해 줄 것을 요구하였는데 이○○과 김○○은 전혀 반환할 생각이 없는 것 같습니다. 이○○과 김○○은 유용한 돈으로 다른 사람 이름을 빌려 여러 곳에서 주택사업을 하고 있는 것으로 예상하고 있으나 안타깝게도 정확한 사업자는 아직 파악되지 않은 상태입니다.

　곽○○은 사건이 확인되던 시점인 ○○○○년 말경부터 ○○의 피해를 최소화하고자 ○○에 협조하여 원본 임대차계약서를 ○○에 제출해서 실제 임차보증금 금액과 임차인들을 확인할 수 있게 해 주어 허위로 제출된 임대차계약서가 위조가 되었다는 것을 알 수 있었으며 그로 인해 권리분석에 도움을 주었고 피해금액을 산정할 수 있었습니다.

 피해금액은 필연적이지만 경매 진행과 예상 배당 금액을 계산할 수 있어 경매진행에 큰 도움을 준 것은 사실입니다. 또한 김○○ 명의의 대출금 ○○○만 원을 장○○에게 대출을 인수시켜 전액 상환하여 피해금액을 줄였으며 한○○의 대출금 또한 다른 자에게 인수해서 저희 ○○의 피해를 줄여 줄 것을 요청했고, 저희 ○○은 한○○ 등 명의자들로부터 문의를 받고 인수조건과 절차를 알려 주고 인수를 위한 검토 중에 있습니다.

 현재 이 건에 관련된 주택들은 경매가 진행 중이고 경매가 끝나고 잔존 피해금액이 확정되면 저희 ○○은 피해회복을 위해 노력할 것이고, 범인들을 처벌하심에 있어 피해회복에 협조의 정도를 살피시어 곽○○은 적극적으로 협조하는 반면, 피해회복을 외면하고 적당한 금액으로 합의해서 적당히 형을 감경받으려는 얄팍한 속셈인 이○○과 김○○의 처벌을 구별하셔서, 범인들이 잘못을 반성하고 성의껏 피해회복에 나설 수 있도록 법의 엄중한 경종을 울려 주시면 감사하겠습니다. 특히 곽○○은 지금까지 피해회복에 노력을 했고 ○○에 언제나 협조적이었던 자입니다.

○○의 피해도 상당히 우려스럽고 걱정입니다. 또한 이 사건의 피해자가 될 수밖에 없는 임차인들과 공사대금을 받지 못한 사람들을 정리하고 화해시킬 수 있는 사람은 곽○○만이 할 수 있다고 봅니다.

부디 곽○○에게 선처를 해 주시어 ○○과 제3의 피해자가 발생되는 것을 최소화할 수 있게 간곡히 부탁을 드립니다.

감사합니다.

○○○○년 ○월 ○일

피해자 ○○○○협동조합

이사장 손○○

탄원서

• 사건명: 특정경제범죄가중처벌등에관한법률위반(사기)

• 피탄원인: 허○○

• 탄원인: 정○○

- 존경하는 재판장님, 법질서 확립과 사법정의 구현에 애쓰고 계심에 국민의 한 사람으로써 감사한 마음을 금할 길 없습니다.

- 탄원인 정○○은 지난 ○월 ○일 증인으로 나가서 3시간 30분 정도의 진술을 하였습니다.

- 진술 시 ○,○○○만 원 차용 사기건 중 ○,○○○만 원 차용에 있어서 며칠 전 박○○ 검사님과 통화 중 오해를 불러일으킬 수도 있다는 생각에 탄원서를 작성하게 되었습니다.

- 피고인은 고소인에게 차용사기건 외에 금전 거래가 몇 번 있었고, 돌려받은 금원도 있고 아직 돌려받지 못한 금원도 있으나, 무통장 송금으로 영수증을 분실하였거나, 현금으로 빌려주었던 금원 등 증빙을 할 수 없는 차용금은 고소를 하지 않았습니다.

- 고소인이 고소한 금원 중 ○○○○년 ○월 ○일 ○,○○○만 원 차

용을 하기 전 주)○○○ 인수과정에 있을 때, 카드 값을 못 내고 있다며 카드 값의 연체 사실을 ○○억 원에 매각을 진행하던 ○○○ 박○○ 사장이 알면 안 되는데 통장 설정 때문에 카드 값도 못 내고 있다고 연락이 와서 정확한 금액을 기억할 수 없지만 카드 값을 빌려 준 적이 있습니다.

– 피고인은 금원을 송금받고 난 후, 피고인의 생일이 ○월 ○일인데 그 금원을 생일 선물로 대신 갚아 준 것이라 생각하라고 한 적이 있고, 생일 선물로 준 금원은 아니지만 고소를 할 때 증빙을 할 수 없어 이 금원은 넣지 않았습니다.

– 피고인 측에서 질문한 카드금원을 갚기 위해 고소인이 증여를 하지 않았냐고 질문한 걸 카드 값을 내기 위해 빌려달라고 하였기에 "예"라고 하였는데, 이 금원은 차용사기건 ○,○○○만 원이 아니라 위와 같이 피고인이 ○○○ 인수 기간 중에 빌려달라고 하여 빌려주었고, 고소를 하지 않은 금원이 있기에 "예"라고 하였던 것입니다.

– 피고인 개인통장을 전부 제출받아 조사해 보면 알 수 있을 것입니다.

– 존경하는 재판장님, 앞서 탄원에서도 말하였지만 정말 오랜 법정 싸움으로 고소인은 너무나 큰 정신적 물질적 피해를 입었고, 협력업체들의 채권 독촉도 너무 많아 하루하루가 뭐라고 이루 말할 수 없을 정도로 힘이 듭니다.

– 고소인은 3년형을 받은 피고인의 형량도 피고인에게 속은 금액이

총 ○○억여 원과 고소인 가정의 파탄, 그리고 부모, 형제들과의 불화와 정신적 고통에 비해 적다고 생각합니다.

　– 죄를 짓고도 뉘우침이 없이 검사장출신이나 부장판사 출신의 변호사를 수임하여 죄를 덮으려고만 하고 있는 피고인을 엄벌에 처해 주시고, 빨리 소송을 끝내고 일과 딸들을 키우는 데만 전념할 수 있게 빨리 판결을 내려 주시길 간고히 부탁드립니다.

○○○○. ○.

탄원인 정○○

탄원서

• 사건명: 특정경제범죄가중처벌등에관한법률위반(사기)
• 피고인: 허○○
• 탄원인: 정○○

- 존경하는 재판장님, 저는 사건번호 ○○○○노○○○○ 허○○ 사건의 고소인 정○○입니다.

- ○○○○. ○. ○. 고소인이 증인으로 출석하였을 때 재판장님이 피고인이 고소인에게 말한 '○○○만 불(약 ○○억 원)'이 정말 있냐고 물었을 때 피고인은 있다고 하여 그러면 통장 내역과 그 통장에 설정이 걸려 있었던 내용까지 제출하라고 하였는데 ○○○○. ○. ○. 공판에서도 제출하지 않았고 아직까지 ○○○만 불이 있는 통장 사본과 통장에 설정이 걸려 있었던 증거를 제출하지 못하고 있습니다.

- 피고인의 ○○○만 불이 있다는 말과 통장이 설정이 걸려 인출을 못한다는 말은 거짓말일 것입니다.

- 피고인은 ○○○○. ○. 고소인이 ○○지검에 고소장을 제출하기 전부터 합의를 보자는 말을 하며 당장은 돈이 없으니 조금만 받고 나머지는 시간을 주면 벌어서 갚을 것이라고 하여서 고소인은 그런 말은 이제 못 믿겠다고 하였고, ○○지검에서 조사를 받고난 후에도 피고인은 고소인에게 합의를 보자는 말을 하였는데 정말 ○○억 원이라는 금원이 있다면 합의를 보았을 것입니다.

- 피고인은 법정에서도 아무렇지 않게 거짓 진술을 하고, 증거를 제출하라면 대답만 하고 제출하지도 않는 것만 보아도 고소인에게 얼마나 많은 거짓말을 하였는지 알 수 있을 것입니다.

- 피고인은 합의를 할 마음이 없고 단지 시간을 끌어 교도소보다는 환경이 좋은 구치소에 조금이라도 더 오래 있기 위함이고, 사기사건은 초범이기에 모범수가 되면 3년을 다 채우지 않아도 풀려날 것이라는 걸 염두에 두고 시간 끌기를 하는 것입니다.

- 고소인은 1심에서도 증인으로 두 번을 출석하였고 2심에서도 두 번의 증인 출석을 요구받았습니다.

- ○○○○. ○. ○. 제출한 진술서에 나와 있듯이 ○○지검에서 받았던 피고인신문조서와 1심에서 증인으로 나와 고소인이 일관되게 진술한 것도 2심에서 말을 바꾼 것처럼 말을 하였습니다. 이런 억지 주장으로 시간을 끌고 4년이 더 지난 오래된 사건이라 고소인이 약간이라도

헷갈리는 부분이 있으면 이를 두고 진술의 신빙성 등을 이유로 재판 시간을 끌어 보려는 의도로 보입니다.

– 고소인이 피고인으로 인해 입은 피해 금액을 합하면 ○○억 원이 넘고, 본사건만 하더라도 ○억 ○천여 만 원이나 되는 큰 금액입니다.

– 앞서 말씀드렸지만 고소인은 정신적, 금전적 손해는 이루 말할 수가 없고, 이 피해는 고소인의 부모님과 아이들에게도 큰 고통을 주고 있습니다.

– 피고인은 양심이 있다면 정말 진솔하게 사고하고 금전적 손해를 갚아야 할 것이나 이런 금원으로 고액의 변호사를 고용하고, 재판장님이 합의를 보라고 권유해도 당당하게 합의할 생각이 없다고 하고 있습니다.

– 피고인이 1심에서 3년형을 선고받았는데 고소인의 피해액과 정신적 고통에 비하면 양형이 너무 약한 것 같습니다. 피고인이 다시는 이런 사기죄를 저지를 생각을 안 하게끔 엄벌에 처해 주시길 간곡히 부탁드립니다.

○○○○. ○.
탄원인 정○○

탄원서

- 사건명: 특정경제범죄가중처벌등에관한법률위반(사기)
- 피고인: 김○○
- 탄원인: ○○○○○○ ○○ 김○○
　　　　　○○○○○○ ○○ 안○○

존경하는 재판장님,

저는 김○○ 피고인이 ○○○○○○에 재직하는 동안 김○○ 피고인을 가장 지근거리에서 보좌하며 당시의 업무처리 과정이나 피고인의 개인적인 성품을 누구보다 잘 알고 있는 ○○○ 직속 재무회계담당 임원으로 재직한 김○○ ○○입니다.

그동안의 재판 진행 과정을 지켜보며 김○○ 피고인에 대한 사실과 다른 내용, 피고인의 회사 내 위상에 대한 과대포장 등 지나친 공격을 접하며 안타깝고 답답한 마음에 김○○ 피고인에 대한 검찰과 고○○ 피고인 변호인들의 일부 왜곡된 일방적 주장을 바로 잡아 재판장님께서 정확한 사실관계를 파악하여 현명한 판단을 하시는 데 다소나마 참고되길 희망하여 탄원서를 제출합니다.

　김○○ 피고인은 ○○은행에서 ○○○○으로 3년 임기 ○○○로 부임해 왔지만, 온화한 인품과 성실한 근무 자세, 회사에 대한 깊은 애정으로 많은 임직원들로부터 두터운 신망을 받아 왔으며, 생산현장의 임직원들뿐만 아니라, 경영진에 대립하며 고마워했습니다. 우리 기존의 구성원이 미처 생각지 못했던 사항까지 세심하게 확인하며 업무처리 하는 모습을 보며 감탄을 하기도 하였습니다.

　○○ 업계의 회계 관행, 재임 기간의 어려운 상황, 전임경영진으로부터 이월된 리스크를 어떻게든 줄이기 위해 노력한 점, 개인의 사익을 취하지 않은 점을 볼 때, 1심의 선고형량은 지나치게 높다고 생각됩니다.

　존경하는 재판장님, 저의 탄원은 근본적으로 잘못된 것을 부인하는 것이 아닙니다. 잘못을 인정하지만, 이 사건에 대한 최종판단을 앞두고 재판장님께서 위 사실들을 한 번 더 고려해 주시고 참작하셔서 형량을 부과 시 부디 선처해 주시기를 간고히 청원합니다.

탄원인 김○○

존경하는 재판장님,

피고인 김ㅇㅇ은 지난 1심 재판과정에서 본인의 과오에 대해 깊이 반성했습니다. 다만 그 모든 책임과 비난을 가장 앞에서 받다 보니 본인의 잘못에 비해 형량이 너무 가혹한 것이 아닌가 하는 것이 개인적인 생각입니다. 부디 위와 같은 점들을 참작하시어 존경받는 선배로, 한 집안의 가장이자 종손으로, 대한민국의 건전한 시민으로 열심히 살고자 했던 피고인에게 법이 허용하는 범위 내에서 최대한 선처를 베풀어 주시기를 앙청합니다.

탄원인 안ㅇㅇ

탄원서

- **사건명: 특정경제범죄가중처벌등에관한법률위반(사기)**
- **피고인: 황○○**
- **탄원인: 김○○**

존경하는 재판장님. 저는 위 피고에게 사기를 당해 모든 재산을 날리고, 가정까지 파탄 된 김○○입니다. 너무나 억울하고 분통하며, 피눈물을 흘리며 또 탄원을 합니다.

피고 황○○은 친누나 황○○(○○○○○○-○○○○○○○)과 결탁하여, 모든 사기를 친누나 황○○의 명의로 하고, 사기금액을 은닉하고, 감옥에서 몇 년 살다가 나오겠다는 전략으로 수많은 피해자들을 유린하였습니다. 그리고 친누나 황○○은 파산신청을 하고, 면책을 받으려고 합니다(첨부 면책 파산선고).

채권자들 수만 해도, 제가 알기로는 170명이 넘습니다. 그 170여 명에 딸린 수많은 가족들이 저와 똑같이 고통의 나날을 보내고 있을 것입니다. 법이라는 것이, 이런 파렴치한 사기범들을 면책시켜 준다는 것도, 피해자인 저는 또 한 번 피눈물 나게 하고 있습니다. 이러한 사기범들의 치밀한 범행 계획에 속아 넘어간 피해자들이 무슨 잘못이 있겠습니까?

저와 저의 가족은 길거리로 나앉았습니다. 재산이 하나도 없습니다. 정상적인 회사생활도 하기 힘듭니다. 저 뻔뻔한 사기범들은 빼돌린 돈으로 호화 변호인단을 구성하여 형벌을 낮추려고 하고 있습니다. 변호사에게 줄 돈은 있고, 피해자들에게 줄 돈은 없다는 파렴치한 사기꾼들입니다. 피해자들이 고통 속에 죽어가도 눈 하나 깜빡하지 않는 비열한 범죄자들입니다.

우리나라 사법부는 공정하다는 것을 믿습니다. 저런 사기꾼들이 이 사회에 발붙일 수 없도록, 법에서 정하는 최고의 형벌을 내려 주심을 부탁드립니다. 이 사회와 철저히 격리되어야 합니다.

존경하는 재판장님, 부디 피해자들의 고통을 헤아려 주시길 간곡히 부탁드립니다.

○○○○. ○. ○.

탄원서

- 사건명: 특정경제범죄가중처벌등에관한법률위반(사기)
- 피고인: 전○○
- 탄원인: 김○○

존경하는 재판장님,

저는 피고인 전○○의 아내입니다. 전○○는 저의 남편이자 세 아이의 아빠입니다. 아이들과 헤어져 남편이 교도소에 들어간 지 2년이 다 돼갑니다. 막내가 초등학교 3학년, 둘째 5학년, 큰아이는 고등학교 2학년이에요. 큰아이는 아빠의 현재 상황을 알고 있으나 작은 두 아이는 모르고 있어요, 그저 외국 나가서 좋아하는 공부 열심히 하고 있는 줄 알고 있지요, 큰아이는 중학교 2학년 한창 예민하고 반항심 가득할 때 이런 일이 생겼는데 고맙고 기특하게도 공부를 열심히 해서 원하는 고등학교에 들어갔어요. 아빠의 죄명과 내용을 알고 많이 놀라고 실망하였지만 거기에 낙담하지 않고 생활의 본분을 잘 알고 있으면 안 되는 것을 깨달았어요.

남편의 부재로 안팎의 일을 혼자 해 나가는 것이 녹록치 않습니다. 의지하고 고민을 토로할 남편이 옆에 없으니 가슴은 항상 답답하고 뻥 뚫린 것처럼 허전합니다. 더구나 둘째아이가 틱장애가 심해서 올 여름은 제 삶에서 가장 힘든 계절이었어요. 아빠의 부재로 틱이 더 심해지는 건가 걱정이 너무 됐습니다. 아이를 어느 방향으로 인도를 해야 할지 어떤 치료를 받게 해야 할지 막막하기만 했습니다. 아이들과 저를 지탱해 주는 남편이 곁에 없으니 작은 가게를 꾸려 생계와 뒷바라지를 간신히 이어나가고 있습니다. 가게 운영은 더 나아질 기미는 안 보이고 오히려 경기 악화로 나빠질 일만 남았는데 아이들의 교육과 기본적인 생계를 위해 고군분투하고 있는 실정입니다.

아이들 아빠가 속히 사회에 나와서 그 동안의 잘못을 뉘우치고 바르고 평탄하게 성실히 일하면서 어린 아이들에게 따뜻한 아빠의 품을 주고 저와 함께 작고 화목한 가정을 만들어 갈 수 있게 기회를 주세요, 비록 큰 잘못을 저질렀지만 과거 그 잘못들은 제가 일찌감치 사회생활을 하면서 경제적 부담을 덜어줬으면 일어나지 않았을 텐데 아이 셋을 양육한다는 나약한 핑계를 대며 제가 알아차리지 못하고 남편의 경제적 짐을 나눠 갖지 않은 죄가 큽니다. 오히려 제가 더 큰 죄인입니다. 저를 더 나무라시고 저를 더 질책해주세요. 뒤늦게 경제전선에 뛰어든 눈치 없는 저를 훈계하세요.

남편의 과오가 큼을 압니다. 그러나 더 큰 죄인인 저를 질책하시고 남편에게 속히 사회에 헌신하고 가정에 충실할 수 있게 기회를 주세요. 많이 모자라지만 최선을 다해서 남편과 아이들을 위해 힘내서 열심히 성실히 사회에 봉사하고 헌신하겠습니다.

따뜻하고 은혜로우신 재판장님, 부디 저의 작은 소원이 이루어질 수 있게 넓고 큰 아량으로 선처해 주시길 바랍니다.

○○○○. ○. ○.

김○○ 올림

탄원서

- **사건명: 특정경제범죄가중처벌등에관한법률위반(사기)**
- **피고인: 장○○**

존경하는 재판장님,

안녕하세요. 저는 지금 ○○구치소에 수감 중인 장○○입니다. 저는 ○○○○년 ○월 형이 확정되어서 ○년의 형기를 받고 수감 생활 중에 있습니다. 저는 ○월 ○일 만기를 앞두고 있습니다.

저는 지난 ○년 동안 지금껏 잘못 살아온 삶을 절실하게 되돌아 볼 수 있는 시간이었습니다. 살아오면서 지은 작은 죄까지도 회개하고 반성할 수 있는 시간이었습니다. 저는 ○년 동안 수감생활을 헛되이 보내지 않았습니다. 이곳이 세상에서 제일 천하고 낮은 곳이라고 여기지 않고 부족하지만 저의 손길이 필요한 동료 수용자를 돌봐 주고 간병하여 주며 헌신하고 봉사하는 마음을 가지고 지금 현재까지도 생활하고 있습니다. ○○년 ○~○월에는 제가 ○○교도소에 있을 때의 일입니다. 양극성 ○○장애를 앓고 있는 전○○이란 동료 수용자의 간병인으로 부탁을 받고 소장님의 허락을 받아서 전○○의 간병인으로 수감생활하였습니다.

존경하는 재판장님,

저에게 사회에 복귀할 수 있는 기회를 주신다면 나가서 세상에서 소외받고 어렵고 힘들고 병든 이웃을 위해서 헌신하고 봉사하며 기쁜 마음으로 섬기며 살아가겠습니다. 사회적 약자를 돕고 존중하며 헌신하는 삶을 살아가겠습니다.

존경하는 재판장님,

피해자 ○○○○○○재단 또한 제가 사회복귀를 하면 지금 잔여 공사를 조속히 마무리해서 준공 후 매각이 되면 피해자인 재단에도 피해 변제가 다 될 것입니다.

최선을 다해 밤낮 가리지 않고 일해서 최대한 빠른 시간에 마무리하고 매각하여서 피해 변제를 하겠습니다. 지금도 준공만 하면 매입하겠다고 하는 업체도 있습니다.

존경하는 재판장님,

저에게 사회에 복귀할 수 있는 기회를 허락하여 주셔서 저로 인하여 피해를 본 ○○○○○○재단을 비롯하여 저희 하도급 업체 공사대금까지 모두 변제하고 용서를 구할 수 있는 시간을 허락하여 주시면 정말 최선을 다해서 약속드린 대로 꼭 지키겠습니다.

존경하는 재판장님,

지난 ○년은 저에게 소중한 시간이었습니다. 제 자신을 성찰할 수 있는 좋은 기회로 여기고 있습니다. 앞으로도 남은 삶은 작은 죄일지라도 범하지 않고 사회에서 모범적이고 세상을 이롭게 하는 사람으로 거듭나서 살아나갈 것을 감히 재판장님께 약속을 드립니다.

존경하는 재판장님,
제 아내는 지금 희귀 난치성 질환인 강직성 척추염을 앓고 있습니다. 제가 구속 수감되어 있는 ○년 동안 단 한 번도 거르지 않고 접견을 하고 옥바라지를 지금껏 해 주었습니다. 이제는 제가 아픈 아내를 위해서 살아갈 수 있도록 허락하여 주시길 간절한 마음으로 간청 드립니다.

존경하는 재판장님,
지난 ○○일 재판장님이 갑자기 물어보시는 말씀에 제 마음에 있는 말씀을 드리지 못하여 이렇게 글로 제 마음을 전해드리려고 합니다. 앞으로도 남은 재판에 한 치의 흐트러짐 없이 임하겠습니다.

존경하는 재판장님,
부디 사회에 복귀할 수 있는 기회를 허락하여 주시면 세상의 빛과 소금이 되어 살겠습니다. 두서없는 글 시간을 할애하여 읽어주셔서 감사합니다. 재판장님 가정에 사랑과 행복이 가득하시길 ○○ 드립니다. 환절기에 건강하세요. 감사합니다.

장○○ 올림

탄원서

- 사건명: 특정경제범죄가중처벌등에관한법률위반(사기)
- 피고인: 장○○
- 탄원인: 김○○와 ○○ 대표들

○○○○ 장○○ ○○가 속히 자유의 몸이 되도록
존경하는 재판장님께서 선처해주시기를 바랍니다.

존경하는 재판장님,

우리는 피고 장○○ ○○와 함께 한 ○○에서 ○○생활을 같이 하고 있는 ○○들입니다. 장○○ ○○가 긴 세월 어려움을 겪고 있는 것을 우리는 마음 아파하며 그가 빨리 자유의 몸이 되어 정상적인 활동을 할 수 있기를 간절히 염원하여 탄원서를 올리게 되었습니다. 장○○ ○○는 평소 진실하게·○○○을 섬기며 이웃에게 선을 행하는 모범적인 ○○인입니다. 그래서 그는 우리 ○○에서 중요한 직분을 맡고 있습니다.

존경하는 재판장님,

　우리는 장○○ ○○가 어서 빨리 우리에게 돌아와 그가 하던 일들을 다시 할 수 있기를 간절히 염원하고 있습니다. 부디 선처해 주시기를 바랍니다. 장○○ ○○가 겪고 있는 현재의 시련은 본인의 아픔이기도 하지만, 우리 ○○의 아픔이기도 합니다. 우리 ○○ ○○들은 이 일을 계기로 심기일전하여 ○○○과 세상 앞에 더욱 깨끗하게 설 수 있도록 ○○하며 노력하겠습니다. 정의를 위하여 늘 수고하시는 재판장님에게 ○○○이 큰 은혜 베풀어 주시기를 기원합니다.

○○○○. ○. ○.

○○○○○○회 ○○○○ ○○ 김○○외 ○○ 일동

(서명부는 별첨했습니다)

탄원서

• 사건명: 특정경제범죄가중처벌등에관한법률위반(사기)

• 피고인: 장○○

• 탄원인: 서○○

탄원취지: 피고인 장○○의 만기출소를 위하여

존경하는 재판장님!

저는 본 사건의 한 피고인인 이○○가 운영하는 회사의 관리부 팀장 직을 맡고 있는 서○○입니다. 이번 사건으로 인하여 여러분들에게 피해를 드리게 된 것을 직원으로서 죄송하게 생각하는 바입니다. 이번 사건으로 제가 실질적인 회생안의 결정에 의한 진행업무를 본인이 전담하고 있습니다. 일을 진행하다 보니 피고인 이○○만으로는 일처리를 진행하기가 너무 어려움을 통감하고 있습니다. 잔여공사 마무리와 건물매각에 관한 건을 진행함에 있어서 본 사건의 현장건설사 실제의 대표자인 장○○의 도움이 절실함을 느끼고 있습니다. 장○○이 만기 출소 후 돌아와서 돕는다면 잔여공사 등 매각의 진행사항이 빠르게 이루어지리라 생각되며, 이는 곧 피해자들에게 채무금 변제가 빠르게 이루어질 수 있을 것이라 생각됩니다.

　피고인 장○○은 한 가정의 가장으로서 이번 사건을 마지막으로 많은 뉘우침과 앞으로 성실하게 살아갈 것을 다짐하고 있습니다. 부디 장○○이 이번 만기출소일에 출소하여 건물의 준공 등 매각에 힘을 보태서 채무자들에게 변제가 이루어질 수 있도록 선처하여 주실 것을 간곡히 부탁드립니다.

○○○○년 ○월 ○일

탄원서

- 사건명: 특정경제범죄가중처벌등에관한법률위반(사기)
- 피고인: 장○○
- 탄원인: 임○○

존경하는 재판장님!

저는 이번사건의 피고인 장○○의 아내입니다. 저는 지금도 남편이라는 말만 들어도 눈물이 쏟아집니다. 이번에 만기 출소를 위해 도와주실 분이 오직 재판장님밖에 없다는 생각에 송구함도 불구하고 글을 올립니다. 남편은 본인의 잘못으로 인해 이렇게 되어서 길고 긴 시간을 아무것도 할 수 없게 된 것에 피해자들에 대한 미안함과 반성의 시간으로 보내고 있습니다. 연이어 벌어지는 회사의 문제로 아내인 제가 해결할 수 없음에 큰 고통의 시간을 보내고 있습니다. 저는 강직성 척추염이라는 희귀 난치성 질환자로서 관절이 굳어지는 병으로 누구의 도움 없이는 활동하기가 어렵습니다. 몸이 굳어지면 움직이지 못하여 항상 남편의 도움으로 근근이 생활하던 차에 이렇게 되었습니다.

도와주십시오, 재판장님! 남편은 따뜻한 마음을 가진 본인보다 가족이 우선인 헌신적인 사람이었습니다. 이 사건의 현장이 빠른 매각을 위하여 잔여 공사를 진행 중에 있습니다. 피고가 운영하던 회사와 하도급 업체와 건축주인 피고 이○○와 합심하여 공사를 진행하고 있습니다. 건설사 대표자가 없는 관계로 공사 진행에 차질이 불가피한 상태입니다. 장○○이 만기 출소하여 공사가 차질 없이 준공이 되어질 수 있도록 또 매매가 이루어져서 여러 피해자 분들께 변제가 될 수 있도록 만기 출소가 꼭 되게 선처를 간곡히 부탁드립니다.

탄원서

- **사건명: 특정경제범죄가중처벌등에관한법률위반(사기)**
- **피고인: 장○○**
- **탄원인: 장○○**

존경하는 재판장님!

우선 저의 장○○(아버지)님 피고인이 본의 아니게 물의를 일으켜 진심으로 죄송합니다. 저는 피고인 장○○님의 둘째 아들 장○○입니다.

재판장님, 다시 한번 간곡하게 부탁드립니다. 아버지는 추후 다시는 이런 잘못을 저지르지 않을 것과 피해자에게 매일매일 사죄하는 마음으로 예전보다 더욱 성실하게 살아갈 것이라고, 다짐하고 계십니다. 또한 저는 아버지께서 수감 중에 결혼을 했습니다. 정말 어렵게 결혼했습니다. 그리고 지금은 100일이 된 아들이 있습니다. 아버지께서는 손주를 보시곤 이전보다 더 열심히 사실 거라 약속하셨습니다. 존경하는 재판장님 불쌍한 처지를 참작하셔서 아버지를 부디 하루빨리 세상으로 복귀시켜 주셔서, 피해를 입으신 분들께 조금이나마, 도움을 빨리 드릴 수 있도록 선처를 간곡히 부탁드립니다.

$$○○○○. ○. ○.$$
탄원인 장○○

탄원서

• 사건명: 특정경제범죄가중처벌등에관한법률위반(사기)
• 피고인: 장○○
• 탄원인: 장○○

존경하는 재판장님께

 이번 사건으로 인해서 손해를 보고, 피해를 보신 모든 분들께 제가 다시 한번 사죄드립니다. 저는 저희 아버지의 막내아들입니다. 저희 아버지가 구속이 되어 저의 가족은 지금 ○년 간 수많은 고생을 하고 있습니다. 저희 형들은 극심한 스트레스로 인해서 공황장애가 와서 입원 퇴원을 수시로 하고 있고 집도 내놓을 만큼 힘들어져 큰형과 둘이 월세방에 살고 있습니다. 저희 아버지 때문에 고생과 희생이 있다는 것 잘 알고 있습니다. 한 가정의 가장으로서 자리를 지키지 못하여 가족들은 많은 고생을 하고 있습니다. 부디 만기출소일에 출소해서 건물의 준공 및 매각에 온 힘을 다하여 마무리할 수 있게 제발 한번만 저희 아버지를 선처하여 주실 것을 간곡히 부탁드립니다.

○○○○년 ○월 ○일

장○○

탄원서

- 사건명: 특정경제범죄가중처벌등에관한법률위반(사기)
- 피고인: 장○○
- 탄원인: 장○○

존경하는 재판장님!

먼저 이번 사건으로 피해를 입은 분들께 아버지를 대신해 죄송한 말씀 올립니다. 저는 장○○ 씨의 큰아들 장○○라고 합니다. 저희 가정도 아버지가 안 계신 지난 ○년 동안 집안이 산산조각 났습니다. 이번 사건이라도 구속수사가 아닌 아버지가 나오셔서 일을 맡아 가신다면 어떻게든 해결될 거라 믿습니다. 아버지가 구속되시고 나서 저희 가족들은 뿔뿔이 흩어져 월세에 살고 있습니다. 보증금도 마련하지 못해 제 회사에서 간신히 해 주셔서 그나마 살아가고 있습니다.

제 명의로 아버지가 대출도 하시고 사업자도 만드셔서 저는 대출금과 월세 모든 걸 다 내고 있기 때문에 장가갈 여자가 있어도 못 가고 있습니다. 제발 이제라도 아버지가 돌아오셔서 모든 걸 해결해 주었으면 합니다. 저희 아버지 정말 많은 뉘우침과 반성 많이 하고 계십니다. 부디 만기 출소하셔서 아버지가 해 놓으신 일 해결하게 해 주세요.

○○○○년 ○월 ○일

장○○

탄원서

- 사건명: 특정경제범죄가중처벌등에관한법률위반(사기)
- 피고인: 장○○
- 탄원인: 최○○

탄원취지: 피고인 장○○의 만기출소를 위하여

존경하는 재판장님께 올립니다.

저는 오랜 시간 동안 물심양면으로 장○○ 씨의 많은 도움을 받았던 지인 최○○입니다. 다름이 아니옵고 평소 장○○ 씨의 인품과 그의 성실함을 알기에 안타까운 마음으로 관대한 처분을 간곡히 부탁드리고자 이 글을 드리게 되었습니다. 장○○ 씨와 함께 일을 하면서 참으로 놀랍고 아~ 저런 사람이었구나 하고 감동을 받은 적이 많았습니다.

평소 마음이 여리고 남에게 악의적으로 손해를 끼칠 사람도 아니고 함부로 상처를 주거나 남을 다치게 할 사람이 아닙니다. 늘 밝고 성실하고 누구에게나 기쁨과 희망을 주던 긍정적인 사람이었고 좋은 에너지가 넘치는 사람이었으며 소외되고 외롭고 어려운 이웃에게도 남모르게 온정의 손길을 베풀었던 사람이었습니다.

　장○○ 씨는 이번 일로 본의 아니게 여러 사람에게 손해를 끼치고 마음 아프게 한 것에 대하여 많은 후회와 반성을 하고 있습니다. 앞으로는 더 성실하고 정직하게 할 것이라고, 두 번 다시 이런 일은 없을 거라고 미안하다고 진심으로 사과하는 모습에서 더 큰 신뢰감이 들었습니다. 지금 그의 부재는 여러 사람들에게 무척 힘든 상황입니다. 물론 저도 마찬가지입니다. 모두들 장○○ 씨의 만기 출소만을 기다리고 갈망하고 소망하고 있습니다.

　존경하는 재판장님,

　그와 더불어 바쁘고 활기찬 의욕이 넘치는 하루하루를 살아갈 수 있도록 선처를 부탁드립니다. 모든 일상이 마비가 되어버린 이 상황들을 해결할 사람은 장○○ 씨뿐입니다. 장○○ 씨의 만기출소만이 모든 문제들이 해결될 수 있습니다. 부디 선처 부탁드립니다.

탄원서

- **사건명: 특정경제범죄가중처벌등에관한법률위반(사기)**
- **피고인: 장○○**
- **탄원인: 이○○**

탄원취지: 피고인 장○○의 만기출소를 선처 드립니다.

존경하는 재판장님!

저는 본 사건의 1피고인인 이○○가 ○○시 소재 ○○테크 공장 신축 중이던 현장의 부대토목을 시공하던 ○○중기의 대표인 이○○입니다. 현재는 시공회사의 채권단 대표로 활동 중입니다.

건축주 이○○의 부도로 인하여 공사대금을 받지 못하여 모든 하청업체가 심각한 자금난과 생활고에 시달리고 있습니다. 하여 하청 업체들 간의 중지를 모아 절박한 심정으로 지푸라기라도 잡는 심정으로 본 탄원서를 제출하게 되었습니다. 부디 저희들의 심정을 헤아려 살펴 주시길 간곡히 청합니다. 종합건설회사 경영이 전무한 저희 둘의 힘으론 도저히 난관을 헤쳐 나갈 힘이 부족함을 느끼면서 전문경영인이었던 장ㅇㅇ이 간절히 필요합니다.

잔여공사 마무리 및 매각에 있어서 본 건설회사의 실질적 대표인 장ㅇㅇ의 오랜 경험과 경영능력이 절실히 요구가 되는 상황입니다. 장ㅇㅇ이 만기출소 후 현장에 투입이 되면 장ㅇㅇ을 중심으로 협력회사가 일심 단결하여 본 건물의 준공 및 매각에 최선을 다하여서 채권이 해결될 수 있도록 노력을 할 것입니다.

피고인 장ㅇㅇ은 많은 뉘우침과 후회로 다시는 불미스러운 일이 발생되지 않도록 다짐을 하고 있으며 남아 있는 가족 역시 어렵게 생활하고 있는 점 등을 살피시어 탄원인 이ㅇㅇ 외(채권단회원 10인)은 재판관님의 너그러운 관용을 간절한 마음으로 기다리겠습니다.

ㅇㅇㅇㅇ년 ㅇ월 ㅇ일

탄원인 이ㅇㅇ 외

탄원서

• 사건명: 특정경제범죄가중처벌등에관한법률위반(사기)
• 피고인: 장○○

존경하는 재판장님!

안녕하세요. 저는 현재 ○○구치소에 수감 중인 장○○입니다. 저의 고향은 ○○시 ○○군 ○○면 ○○리입니다. 저는 ○남○녀 중 장남으로 태어나 어린 시절은 다복한 가정에서 성장하였습니다. 하지만 제 나이 ○○살 되던 해에 아버지께서 병환으로 돌아가시고 어머니 또한 제가 ○○살 때 돌아가셨습니다. 하루아침에 가장이 된 저는 할머니를 모시고 여동생 셋을 공부시키며 가장으로서의 책임을 잘 감당하였습니다. 동생들은 고등교육까지 마치게 하였습니다. 어디하나 의지할 곳 없이 열심히 일을 해서 동생들 뒷바라지를 하였습니다. 그리고 지금은 여동생들이 다 출가를 하고 가정을 꾸리고 다들 잘 살고 있습니다.

저도 결혼을 일찍 하여서 슬하에 아들 셋을 두고 있습니다. 첫째가 쌍둥이 아들입니다. 쌍둥이 아들인 둘째는 최근 결혼을 하였습니다. 당시 저는 구속수감 중에 있었습니다. 그런데 감사하게도 판사님께서 허락해주셔서 아들 결혼식에 귀휴를 다녀왔습니다. 결혼한 아들은 얼마 전

217

귀한 손주를 선물로 주었습니다. 얼마 전 백일이어서 손주를 데리고 아들하고 며느리하고 접견을 다녀갔습니다. 얼마나 예쁘고 귀엽던지 말로는 다 표현할 수 없을 만큼 좋았습니다.

존경하는 재판장님,

저는 ○년 가까운 시간 동안 이곳에 있으면서 다른 사람한테 귀감이 되게 모범적인 수용생활을 현재까지도 하고 있습니다. 지난해에 간병인으로 지정되어, 제가 옮겨 다니는 곳마다 언제나 아프고 병든 사람 한두 명씩은 꼭 같이 생활하게 하셔서 섬기는 마음으로 아프고 병든 사람들을 잘 보살펴 주고 지내고 있습니다. 지금도 두 명이 건강이 좋지 않아서 그들을 돌보며 같이 생활하고 있습니다.

존경하는 재판장님,

제가 구속되기 전에도 수년 동안 지역 어르신들을 위해서 식사 봉사를 하였습니다. ○○년 구속되기 저에는 매주일 식사 봉사를 하며 지역 어르신들을 섬기는 삶을 살았습니다. 앞으로 저의 계획은 이제 사회에 복귀하면 체계적으로 지역사회에 어렵고 힘들고 병든 이웃을 위해서 식사 봉사를 하며 기쁜 마음으로 섬기며 살 것입니다.

존경하는 재판장님,

회생법원에서 잔여 공사하는 것을 허가를 받았습니다. ○○월부터 잔여공사를 시작하였습니다. 건축공사가 공정률 ○○% 완료되어져 있는 공장 건물입니다. 마감 공사를 ○%만 하면 준공검사를 받을 수가 있습니다. 준공 후 공장을 매각하면 공장 매매도 제 가격을 받고 매각할 수 있을 것으로 여겨집니다. 그리고 피해자인 ○○○○○○재단에 피해 금액도 거의 다 변제되어질 것이라고 생각합니다.

존경하는 재판장님,
하해와 같은 넓으신 마음으로 부족한 저에게 관용과 선처를 베풀어 주셔서 사회에 복귀할 수 있는 기회를 주시길 간절한 마음으로 간청을 올립니다.

존경하는 재판장님,
재판장님 가정에도 건강하시고 언제나 좋은 일만 가득하시길 ○○드 립니다. 많은 시간 할애하시어 부족한 글 읽어 주셔서 감사합니다. 안녕히 계세요.

장○○ 올림

탄원서

- 사건명: 특정경제범죄가중처벌등에관한법률위반(사기)
- 피고인: 장○○
- 탄원인: 임○○

존경하는 재판장님께 호소합니다.

먼저 존경하는 재판장님께서 항상 사법적 정의구현 노력에 깊은 감사의 말씀부터 드립니다.

존경하는 재판장님,

저는 피고인 장○○의 둘째 며느리 임○○입니다. 아버님께서 운영하시던 회사에 피해가 심각한 걸 들었습니다. 건축주 부도로 인해서 여러 하청업체들이 피해를 보고 있습니다. 아버님께서 이번에 사회에 복귀하시게 된다면 부도로 인해 회사에서 진행하던 공장 문제를 다시 진행하게 될 것 같습니다. 꼭 아버님께서 나오셔야만 가능하다고 들었습니다. 그래야 ○년을 기다려 주신 피해자분들에게도 피해를 원상복구해 드릴 수 있다고 들었습니다.

재판장님께 간곡히 부탁을 드립니다. 다시는 이런 실수 없이 사실 것이라고 가족들에게 약속을 하셨습니다. 지금 시댁 가족들도 상당히 힘든 시간을 보내고 있습니다. 아버님의 구속으로 인해 시댁 가족들이 서로 떨어져 지내게 되었습니다. 아버님께서 이번에 나오시게 된다면 어려워졌던 가정도 바로 설 수 있을 것 같습니다. 재판장님 정말 간곡히 부탁드립니다.

아버님이 사회로 복귀하여 우리 가족이 다시 행복할 시간을 보낼 수 있도록 선처를 부탁드립니다.

탄원서

- **사건명**: 특정경제범죄가중처벌등에관한법률위반(사기)
- **피고인**: 장○○
- **탄원인**: 김○○

존경하는 재판장님,

저는 피고인 장○○ ○○와 함께 ○○생활을 같이하는 ○○○○ ○○ 입니다. 피고인으로 인하여 많은 사람들에게 피해를 드리고 걱정을 끼쳐 드려 대단히 죄송하게 생각합니다. 모든 죗값을 치루고 있지만 다른 추가 건으로 우리 ○○들이 안타까운 심정으로 ○○하고 있으니 선처를 바랍니다. 뒷바라지하는 아내가 건강도 좋지 않은데 밤낮으로 생활을 책임지고 있고 남편의 뒷일을 책임지며 눈물의 시간을 보내는 것이 마음이 너무 아픕니다.

장○○ ○○는 ○○에서도 봉사를 누구보다 앞장서서 했으며 많은 분들을 섬기는 일을 해왔습니다. 재판장님의 자비로 불쌍히 여기시고 선처를 간절히 바라오며 차후에는 ○○님께서 선하게 살 수 있도록 책임지실 것이오니 이번에 만기 출소할 수 있도록 간절히 부탁드립니다.

존경하는 재판장님 한 번 더 부탁드립니다. 꼭 장○○ ○○가 돌아올
수 있도록 선처해주십시오.

○○○○년 ○월 ○일
탄원인 김○○

탄원서

- **사건명: 특정경제범죄가중처벌등에관한법률위반(사기)**
- **피고인: 장○○**
- **탄원인: 이○○**

존경하는 재판장님!

저는 같은 아파트에 살던 이○○이라고 합니다. 가까이 곁에 살면서 여러 해 동안 함께 가까이 지내던 사이였습니다. 몇 년 전에는 그분의 도움으로 ○○에 저희 집을 지었습니다. 꼼꼼하고 성실한 모습으로 정성을 다하여 지어 주신 집에서 지금은 너무도 편안한 생활을 하고 있습니다. 자재 하나하나와 완벽한 시공으로 3년이 지난 지금까지도 하자한 곳 없이 너무도 좋은 곳에서 살다 보니 항상 감사의 마음으로 행복하게 지내고 있습니다.

그렇듯이 그분이 매사에 정확하고 성실하게 사시는 분이었는데 지금의 어려운 상황에 처하게 된 것을 저도 마음 아파하고 있습니다. 마음이 따뜻한 그분이 이번에 만기가 되신다고 하여 그날에 돌아오시리라는 그때 뵐 수 있으리라는 생각에 그동안 고생하셨던 거 이제는 끝이려니 했었는데 또 다시 뜻하지 않은 다른 일로 또 어려운 상황이 되었다 하여 너무 가슴이 아팠습니다.

그분들 가족의 이야기를 들었습니다. 이번에 만기가 되었을 때 출소 하시면 그동안 해 오셨던 현장의 일로 마무리될 수 있고 피해 변제도 하실 수 있다는 이야기를 들었습니다. 그분들과 같이 할 수는 없어도 마음을 보태고 싶습니다. 그분이 이번에 꼭 나와서 또 다른 피해자들께 도 도움이 될 수 있도록 지인의 한 사람으로 간청을 올립니다.

존경하는 재판장님!

장○○ 씨가 이번에 꼭 출소할 수 있도록 선처를 간곡히 부탁드립니 다. 마음이 따뜻한 그분과 어울려 살고 싶습니다. 지난날을 거울 삼아 다시는 법을 어기는 일을 하지 않을 분임을 저는 믿습니다. 꼭 선처하 시어 가족들에게 돌아와서 주위를 돌보며 살아가는 모습을 보고 싶습 니다.

존경하는 재판장님! 다시 한번 부탁드립니다.

탄원서

• 사건명: 특정경제범죄가중처벌등에관한법률위반(사기)
• 피탄원인: 김○○

존경하는 재판장님,

본인은 ○○ ○○○○○ 소재 ○○○ ○○○○입니다. 현재 피탄원인 김○○ 씨의 가족 (처: 이○○, 장남: 김○○, 차남: 김○○, 삼남: 김○○) 이 다니는 ○○의 ○○로서 이 가족이 처한 어려움을 지난 7년여 동안 지켜보고 같이 ○○한 ○○으로 이 탄원서를 올리게 되었습니다.

이 가족과의 만남은 김○○ ○○님의 장남 ○○군과의 우연한 인연으로 시작되었습니다. 김○○ ○○님은 ○○○○에서 ○○를 시작하려는 것을 아시고, 직접 한국 ○○에 가서 ○○를 만나 ○○를 진행하게 되었습니다. 또한, ○○ ○○ ○○○ ○○○○건립도 기부금을 출연하며 돕기 시작하였습니다.

한국에서 사업을 하는 관계로 자주 만나지는 못했지만 ○○에 사는 가족을 방문할 때 매일 ○○○○를 하고 세 아들들과 함께 ○○○○ 수행을 하는 모습을 보며 ○○이 깊은 가족임을 알 수 있었습니다. 그리고 ○○군과 ○○군은 ○○○ 부설 ○○ ○○○○에서 어린 학생들에게 한글과 바이올린을 가르치고 ○○○○ 활동 등에 동참하며 ○○활동도 열심히 하였습니다. 그러던 중, 이 사건의 여파로 김○○ ○○님이 아이들의 학비와 생활비를 규칙적으로 보내줄 수 없는 상황을 맞게 되면서 ○○님(처: 이○○)은 취업비자를 취득하여 세 아이들의 뒷바라지를 위해 파트타임으로 일하기 시작했습니다. 그것도 잠시 ○○년 김○○ ○○님이 ○○을 방문했을 때 더 이상 경제적인 어려움을 견디기 힘든 상황이 되었다며, 당시 대학교 3학년, 2학년에 재학 중이던 아이들의 학업을 중단시키고 가족 모두 한국으로 귀국할 뜻을 전하였습니다.

존경하는 재판장님,

당시 저와 ○○의 ○○○○들은 ○○, ○○군이 성실하게 학교생활을 하고 있음을 누구보다 잘 알고 있기에 학업을 마칠 수 있도록 ○○의 장학기금으로 학자금 융자를 해주기로 결정 하였습니다. 세 아이들 모두 틈나는 대로 ○○ 행사를 돕고, 물론 김○○○○님도 ○○에 오실 때면 ○○ 청소 등, ○○하는 가족의 모습을 보여 주셨습니다. 그리고 일 년 전부터는 다시 ○○ ○○ ○○○○의 렌트비를 전액 후원하고 계십니다.

존경하는 재판장님,

부모는 아이들의 거울이라는 말도 있듯이 성실하고 바르게 자란 세 아이들을 보면, 김○○ ○○님이 처한 현 상황이 도저히 믿어지지 않습니다. 더욱이 김○○ ○○님은 가족을 위하는 마음 못지 않게 주변사람들을 따뜻하게 배려하는 심성도 갖춘 분입니다. 저의 기억으로는 공범으로 현재 같은 곳에 수감 중인 김○○ 씨의 아버님이 돌아가셨을 때, 한국에 계시면서도 그분의 ○○○○을 ○○하는 ○○를 저희에게 아내를 통하여 부탁하셨고, 해마다 ○○ ○○날에 김○○ 씨 가족을 위하여 ○○ ○○을 올리고 있습니다.

존경하는 재판장님,

○○○○의 ○○법으로 보면 본인의 의지와 상관없이 순간적인 착오로 잘못된 결정을 하기도 하고 또 피할 수 없는 ○○을 만나 ○○를 겪기도 하는데 지금의 김○○ ○○님이 이런 경우가 아닌가 생각합니다.

존경하는 재판장님,

김○○ ○○님이 빠른 시일 내에 사회에 나가게 된다면, 향후엔 이와 같은 일이 다시는 일어나지 않도록 노력할 것이 분명하며 주변의 어려운 이들을 돕는 일에 힘쓰며 살아가리라 확신합니다. 무엇보다 수년 전부터 중증 치매를 앓고 계신 노모(○○세)께 마지막 자식 된 도리를 할 수 있도록 선처하여 주시기를 간곡히 부탁드립니다. 아울러 이 사건으로 인하여 상처받은 모든 피해자들이 하루속히 편안해지시길 기원 드립니다.

○○○○년 ○월 ○일
탄원인 ○○○

228

탄원서

• 사건명: 특정경제범죄가중처벌등에관한법률위반(사기)
• 고소인: 정○○
• 탄원인: 정○○

존경하는 재판장님!

처음 피고인이 5억을 투자하면 50억을 벌 수 있다고 하여 투자를 권유하였으나 안 하겠다고 하니 그러면 1억만 투자하고 나머지는 진행상황 봐가면서 투자해도 된다는 말에 속아 1억을 투자한 것이 그 1억이 아까워 계속 거짓말에 속은 게 6개월 만에 9억이 되었고 뒤에 조금씩 더 들어가서 총 피해액이 10억이 넘었습니다.

그리고 피고인으로 인해 가정이 파탄 났고, 딸 셋 중 큰딸과 쌍둥이 딸들은 헤어져 따로 크고 있으며, 10억여 원의 큰돈을 사기를 당해 고소인은 부모님, 형제들과도 사이가 멀어져 있습니다.

그리고 고소인이 운영하였던 회사의 직원들은 대부분 한 집의 가장인데 급여를 제때 받지 못해 각 가정에 어려움에 처해 있고, 고소인의 회사가 소기업이라 거래하던 협력 회사들도 가족이 운영하는 영세한 회사가 대부분인데 이런 회사들도 제때 원, 부자재 납품대금을 제때 받지 못해 많은 어려움에 처해 있습니다.

오랜 법정다툼과 경기침체로 인해 회사도 어려워졌고, 은행에 대출을 받아 투자하였기에 이자에 이자를 내고 있고, 원금을 언제 다 갚을 수 있을지 앞이 막막합니다. 피고인은 처음 합의를 보자고 하더니 비싼 로펌 변호사들의 도움을 받아서인지 이제는 합의를 보자는 이야기도 하지 않고 있습니다.

피고인이 1심에서 3년형을 선고받았는데 고소인의 피해액과 정신적 고통에 비하면 너무 약한 것 같습니다. 피고인이 다시는 이런 사기죄를 저지를 생각을 안 하게끔 엄벌에 처해 주시길 간곡히 부탁드립니다.

○○○○. ○.

고소인 정○○

탄원서

- 사건명: 특정경제범죄가중처벌등에관한법률위반(사기)
- 피고인: 강○○
- 탄원인: 전○○

존경하는 재판장님께,

안녕하십니까. 저는 이번 사건의 고소인 박○○의 아내가 되는 전○○입니다.

○○○○년 ○월 ○일자로 송사를 시작한 지 벌써 많은 시간이 지났습니다. 그러나 다행이나마 기소가 되고 강○○가 이렇게 법의 판결을 받게 되어서 얼마나 감사한지 모르겠습니다. 엄중한 법의 집행이 있겠지만, 판사님께 몇 말씀 드리고자 글을 올리게 되었습니다.

○○○○년 ○월 ○일 피고인 강○○와 대질신문을 하게 되어서 검찰청에 주차를 하다 보니 마침 강○○의 자동차 옆이었습니다. 비싼 차였습니다. 좋은 캐시미어 코트(작년 처음 만날 때의 코트)에 까맣게 선팅

을 한 좋은 차를 타고 다니면서 사기를 치는 그를 보니까 평생 책만 읽으며 검소하게, 세상물정 모르면서 살아온 남편과 비교되어 화가 치밀어 올랐습니다.

이번에 이 재판에 오기까지 많은 시간을 보내면서 여러 가지 생각을 하게 되고 저희도 뒤를 되돌아보는 시간도 가졌습니다만 현실적으로는 은행에서 이자가 나가고 있고, 정신적으로는 믿었던 사람에게 당했다는 배신감에 힘들게 지내고 있지만 마지막까지 ○○하는 마음으로 지내고 있습니다.

존경하는 재판장님,

○월 ○일 검찰 대질신문에서 강○○를 만났는데 180도 달라진 태도에 놀랐습니다. 죄송하다고 사과를 하면서 ○○○ ○○에 큰 땅이 있는데 내놓았다고 했습니다(시가 2억 4천만 원이라고 했습니다). 그 땅이 팔리면 다는 아니더라도 얼마간의 돈을 들고 찾아가려고 했다고 해서 그 순간 흔들렸습니다.

그러나 집에 와서 곰곰이 생각하니 그의 말은 진심이 아닙니다. 왜냐하면 현재 ○○이나 ○○의 경제가 좋지 않은데 큰 덩어리의 땅이 쉽게 팔리기가 어렵습니다. 더구나 강○○는 결혼하고는 모든 것을 아내의 명의로 해 놓았다는 이야기도 했습니다.

또 상식적으로 일반인들은 타인에게 빚이 있다면 그 땅을 담보로 먼저 돈을 마련했을 터인데, ○○ 땅이 팔릴 때까지 기다리라는 말은 현재의 상황을 그냥 빠져나가겠다고 하는 뜻입니다. 그래도 혹시 연락이 올까 기다려 봤지만 아무 연락도 없습니다. 사과는 말뿐으로 또 그 자리를 모면하려 한 못된 행동이라고 생각합니다. 끝까지 이런 행위를 하며 고소인 가족의 가슴에 못질을 하는 강○○를 엄중히 심판하여 주시기 바랍니다.

존경하는 재판장님,

지금 ○○경찰서 조사에 의하면, ○○○○ ○○○○거래소의 사기행위로 인한 피해금액만 680억 원이라 합니다.

제가 가는 ○○○ 원장은 390만 원을 넣고는 신고도 안하고 돌려받을 생각조차 하지 않고 있습니다. 억 단위의 큰돈을 투자한 사람에 비하면 자신은 아무것도 아니라며 신경을 쓰지 않기로 했다고 했습니다. 아마 그런 분들의 액수까지 합친다면 금액은 훨씬 더 많을 것입니다.

○○에서 ○○○○○가 철수한 후로는 지역경제가 눈에 띄게 나쁩니다. 거기에 더해서 ○○○○ 사기까지 당한 사람들이 많아서 식당이나 상점에 가 보면 손님도 별로 없습니다. 심지어 ○○에 ○○○○에 돈을 넣었다가 자살한 여자들도 있고 제가 전해 들은 것만 3건입니다. 그러나 ○○이라서 그런지 언론에 보도조차 되지 않고 있습니다. 친인척,

지인들의 돈을 끌어 모아 넣은 결과 서로 등을 지는 사람들도 많이 있습니다.

　존경하는 재판장님,

　다른 사람이 보기에 아무리 작은 문제라도 당사자 개인에게는 큰 문제입니다. 자칭 ○○○○라고 하면서 ○○을 베풀면서도 서민들에게는 큰 피해를 주었던 피고인 강○○가 다시는 그런 일을 하지 못하도록 엄벌을 내려주십시오. 또 피해자에게는 정당한 보상이 되는 현명한 판결을 내려 주시기를 바라오며 간곡히 탄원합니다.

○○○○. ○. ○.
전○○ 배상

탄원서

- 사건명: 특정경제범죄가중처벌등에관한법률위반(사기)
- 피고인: 강○○
- 탄원인: 박○○

존경하는 재판장님께.

안녕하십니까. 저는 이번 사건의 고소인인 박○○입니다.

저는 ○○○○년 ○월 ○일자로 피고인을 사기 혐의로 경찰에 고소한 후, 경찰로부터 ○○○○년 ○월과 ○○년 ○월, 두 번에 걸쳐 피고인을 사기혐의로 검찰에 송치하였다는 연락을 받았고, 그 후 ○○○○년 ○월 ○일 마침내 ○○지원에서 재판이 시작된다는 연락을 받았습니다.

고소인으로서 1년 이상 오랜 기다림과 고통의 시간이 있었습니다만 이렇게 법정이 열리게 된 것을 감사히 생각합니다. 이제 판사님의 엄중하고 현명한 판결이 있으시겠지만, 고소인으로서 감히 몇 가지 탄원의 말씀을 드리고자 붓을 잡게 되었습니다.

저는 지난 ○○○○년 ○월 ○일 ○○시 ○○분에 재판이 시작된다는 문자 연락을 받고, 저와 제 처는 평생 처음 경험해 보는 저의 사건의 공판과정을 눈여겨 보고자, 만사를 제쳐놓고 ○○지원으로 아침 일찍 길을 떠났습니다.

그러나 시간에 맞추어 도착은 했습니다만 불과 몇 분 전에 이미 재판은 종료된 상태여서 피고인 강○○가 법정에서 어떤 말을 하였는지, 자신의 죄를 인정하였는지 부인하였는지 듣지는 못했습니다. 그런데 저는 ○○호 법정 앞에서 피고인 강○○가 그의 국선변호인과 대화하는 것을 듣게 되었습니다.

그 변호인은 피고인 강○○에게 (권○○ ○○에게) 원금을 보장해준다는 말을 어떻게 했는지 물었는데, 피고인 강○○는 "그날 그 자리에서 말한 것은 아니고 전화로 했죠."라고 거짓말을 했습니다. 그리고 변호인이 (고소인)박○○에게도 그런 말을 했느냐고 묻자, 강○○는 "그건 말 안 했다."라고 거짓으로 말하는 것을 들었습니다. 이어서 변호사가 말하기를, "이거 무죄 안 됩니다. 돈 가져 오셔야 됩니다."라고 말하자 강○○는 고개를 숙이고 있었습니다.

피고인 강○○은 저와 권○○ ○○에게 원금 보장 이야기를 하였다는 것은 권○○ ○○의 사실확인서에도 기재되어 제출되어 있습니다. 강

○○는 그날 직접 권○○ ○○에게 그런 말을 했음에도 불구하고, 피고인은 변호인에게까지 거짓말을 하고 있었습니다. 피고인 강○○가 변호사와 대화를 마친 후, 저를 보더니 어떻게 오늘 오셨냐고 물었습니다. 그리고 이미 공판은 끝났다고 하면서 배상 이야기를 꺼내기 시작했습니다.

피고인은 지난 ○월 ○일 검찰 대질 신문 때 저와 만난 자리에서, ○○ 땅을 내놓았으니 팔리는 대로 얼마간이라도 배상하겠다고 말했는데, 이날 공판이 있었던 날에는 법정 앞에서 다시, "○○ 땅이 가을에는 팔릴 것 같으니 기다려 달라." "만약 ○○ 땅이 안 팔리더라도 내년에 ○○동 집이 재개발 들어가니 그때 전액을 변상하겠다." "차용증서라도 써 주겠다."라고 말했습니다.

피고인은 거듭 자신은 저에게 돈 벌게 해주려고 한 것이지 피해를 줄 생각이 없었다고 덧붙였습니다. 그리고 "지금 내가 재판하는 목적은 돈 받으려고 하기 때문 아니냐?"라고 하면서 "내가 구속되면 돈을 못 받게 된다, 고소를 취하해 달라"는 식으로 말을 하였습니다.

그러면서 피고인 자신은 재판해도 기껏 방판법(방문판매법으로 생각됩니다)으로 벌금 오백만 원으로 끝난다고 말하면서 벌금 오백만 원은 아무것도 아니라고 말했습니다.

저는 그날 법정 앞에서 강○○의 말을 듣고 매우 분노했습니다. 자신의 변호사에게도 원금보장을 한 적이 없다고 거짓말을 계속하고 있었고, 그 전에 검찰 대질 신문 때는 죄송하다고 말하면서 배상하겠다는 뜻을 밝히기도 하면서도, 고소를 취하해 달라는 말을 하는 것을 보니, 역시나 속셈은 사기를 계속 치겠다는 의지를 확인할 수 있었기 때문입니다.

존경하는 재판장님,

제가 피고 강○○를 형사 고소한 것은 애초부터 돈보다는, 사기꾼의 사기죄를 응징하고픈 생각이 더 컸기 때문입니다. 지금 강○○ 말을 들어 보면 자신의 국선변호인에게조차 거짓말을 하는 등 진실로 반성하고 사죄하는 기미가 느껴지지 않습니다.

지난 일을 돌이켜보면 저는 일 년 이상 고소를 진행해 오면서 ○○에서 ○○을 열 차례 왕래하며 헤아릴 수 없이 많은 물리적 시간과 정신적 고통을 겪었습니다.

저와 저의 처가 받은 피해는 물질로만 원금 오천만 원에 소송비용, 그리고 작년 ○월부터 지금 그리고 앞으로도 계속 지급되어야 할 오천만 원에 대한 은행이자입니다. 이는 계속 늘어나고 있는 실정이지만, 물질적 피해보다도 정신적 피해액은 산출하기 어려울 정도입니다.

'돈 잃고 사람 잃는다'는 속담이 있습니다만, 제가 경험한 이 소송으로 인해서 저는 그 무엇과도 바꾸기 어려운 수십 년 사귄 친구와도 헤어지는 참기 어려운 고통도 겪어야 했습니다.

제가 취할 수 있는 최대한의 행동은 사법부의 정의로운 판결에 기대보자는 것이었기에 모든 어려움을 무릅쓰고 이 어려운 형사고소절차를 밟은 것입니다.

그런데 만약 강○○의 자신 있는 말대로 방판법 오백만 원의 벌금형만으로 이 재판이 끝난다면 정의의 저울이 너무 한쪽으로 기울어지게 되는 것은 아니겠는지 심히 당혹감을 느낍니다.

존경하는 재판장님,

정년을 얼마 두지 않은 이 피해자는 자그마한 연구공간을 만들어 보고자 하는 꿈에 이끌려 사기꾼의 달콤한 유혹에 속았습니다.

그리고 거액의 돈도 잃었을 뿐만 아니라, 제가 함께 같이 공부하고자 했던 옛 친구들마저 잃는 엄청난 개인적 고통을 겪고 있는 중입니다. 설령 전액 변상을 받는다고 하더라도 저는 소중한 사람들과 시간들을 잃어버렸고 그것은 그 무엇으로도 돌려받을 수 없다는 사실이 너무나 저를 아프게 합니다.

그런데 사기꾼 강○○는 자신의 사기행위가 타인에게 얼마나 고통을 주었는지 전혀 생각도 하지 않으며, 이제 와서는 오히려 차용증서를 써

줄테니 고소를 취하하라는 **뻔뻔한** 태도로 나오고 있습니다. ○○땅이 나 ○○동재개발이나 이런 것은 또 하나의 사기극에 불과할 것입니다. 고소인인 저는 피고의 어처구니없는 이러한 태도에 할 말을 잃고 깊은 분노만 느낄 뿐입니다.

　존경하는 재판장님,

　피해자가 겪은 긴 고통과 괴로움의 시간을 다시 한번 헤아려 주시기 바라옵고, 제가 이 더러운 사기꾼에게 다시 속아 넘어가는 일이 없도록, 재판장님의 고유한 직권으로서 엄중한 형벌과 변상을 동시에 부과하셔서 정의가 이루어질 수 있도록 간곡히 탄원하는 바입니다.

○○○○. ○. ○.

박○○ 배상

탄원서

- **사건명: 폭력행위등처벌에관한법률위반(공동 강요)**
- **피고인: 차○○**
- **탄원인: 황○○**

위 피고인은 ○○○○. ○. ○. ○○:○○ 경 ○○ ○○구 ○○로에 있는 ㈜○○ 사무실에서 동 사건의 다른 피고인인 최○○과 함께 피해자를 협박하여 지불이행보증각서 등을 작성하게 하여 피해자가 의무 없는 일을 하게 하였으며 현재 폭력행위 등 처벌에 관한 법률위반(공동 강요- 사건번호: ○○○○지방법원) 형사재판 피고인으로 계류 중인 사건입니다.

피해자는 아무런 이유도, 잘못 하나도 없이 피고인의 직장 상사인 본 진정인과 가족, 회사구성원들의 안전까지 위협한 피고인의 행동으로 인하여 극심한 정신적 고통에 시달리고 있음에도 불구하고 피고인은 진심 어린 반성 없이 손해배상 및 위자료 명목으로 돈 500만 원을 공탁해 놓고 마음껏 자유롭게 활보하고 있습니다.

피고인 차○○은 경찰 및 검찰의 조사 내용과 같이 피해자의 회사에서 근무하였습니다. 제3자(피고인 최○○)와 공모하여 사건을 벌인 후 1년이 넘도록 아무런 반성이나 사죄의 기미도 없었으며 기소되어 재판이 시작된 이후 면피 목적으로 단 몇 번의 무성의한 일방적인 문자메시지를 보낸 바 있습니다. 최근 선고공판을 앞두고 가해자가 지급할 수 있다는 합의금을 일방적으로 주장한 바 있습니다. 단 한 번도 피해자인 진정인에게 찾아와 형사합의를 위한 노력을 기울인 적이 없었는데도 위와 같이 거짓으로 공탁원인을 작성하고 나아가 자기는 공탁을 걸었기에 이제 아무런 처벌도 받지 않을 거라는 뻔뻔스러운 모습을 보이고 있습니다. 그럼에도 불구하고 함께 일을 했었던 옛정을 기억하며 다시 한번 진심 어린 반성과 합당한 조치를 할 수 있는 시간을 한 달 이상 더 주었습니다. 하지만 소용없는 무의미한 시간일 뿐이었습니다.

피고인은 현실적으로는 돈 5백만 원의 공탁 절차를 마침으로써 형사사건에서는 마치 합의한 것과 비슷한 효과를 얻어 가벼운 처벌로 끝나게 되는 결과가 되어 억울한 피해자에게는 다시 한 번 더 억울함 속에 빠지게 되는 것입니다.

사람을 극심한 공포와, 정신적 피해를 주고서도 몇 푼의 돈으로 그 죄를 사려 하고, 진심으로 죄를 뉘우칠 줄도 모르는 양심이라고는 털끝만큼도 없는 피고인을 어찌 용서할 수 있겠습니까? 피해자에게 진심 어린 사과만 했었어도, 그에 합당한 조치를 취했더라면 이렇게 억울하고 분통이 터지지는 않을 것입니다.

존경하는 재판장님!

진심 어린 반성이라는 말조차도 알지 못하고, 긴 기간 동안 피해자와 가족들에게 공포의 시간을 보내게 했을 뿐 아니라, 지금까지도 자신의 일방적인 입장만을 주장하며, 끝가지 피해자를 괴롭히는 몰상식한 피고인 차○○에게 엄벌을 내려 주십시오. 제발 부탁입니다.

그 길만이 진정인의 그동안 고통을 조금이나마 보상받을 수 있는 길이라고 생각합니다. 다시 한번 부탁드립니다. 법이 허락하는 한 가장 무거운 죗값을 치르게 하여 주십시오. 법의 준엄함을 보여 주십시오. 공탁 걸어 놓은 돈은 피해자는 찾지 않겠습니다. 그 더러운 돈은 절대로 찾아 쓰지 않겠습니다. 500만 원이 아닌 억만 금을 공탁해도 절대로 찾지 않겠습니다.

그래서 공탁금 회수 동의서도 내용증명으로 보냈습니다. 가해자를 엄벌하시어 다시는 이런 파렴치한 행동을 하지 못하도록 해 주십시오. 제 2, 제3의 피해자가 생기지 않도록 해 주십시오.

○○○○. ○. ○.

탄원서

- 사건명: 폭력행위등처벌에관한법률위반(공동 강요)
- 피고인: 최○○
- 탄원인: 황○○

위 피고인은 ○○○○. ○. ○. ○○:○○ 경 ○○ ○○구 ○○로에 있는 ㈜○○ 사무실에서 피해자를 협박하여 지불이행보증각서 등을 작성하게 하여 피해자가 의무 없는 일을 하게 하였으며 현재 폭력행위 등 처벌에 관한 법률위반(공동강요- 사건번호: ○○○○지방법원) 형사재판 피고인으로 계류 중인 사건입니다.

피해자는 아무런 이유도, 잘못 하나도 없이 진정인의 가족과 회사 구성원들의 안전까지 위협한 피해자의 행동으로 인하여 극심한 정신적 고통에 시달리고 있음에도 불구하고 가해자는 잘못했다는 사과의 말 한마디 없이 손해배상 및 위자료 명목으로 돈 300만 원을 공탁해 놓고 마음껏 자유롭게 활보하고 있습니다.

피고인 최○○은 공탁서에는 "피해변제를 위하여 용서를 구하고 합의를 요청하였으나 피공탁자가 더 높은 합의금을 요구함으로써 합의를 거부함으로 이 건 공탁에 이른 것입니다"라고 썼지만 지금까지 사건 발생 이후 1년 6개월 동안 아무런 반성이나 사죄의 기미도 없었으며 ○○년 ○월 최근 선고공판을 앞두고 단 1회 전화 연락으로 가해자가 지급할 수 있다는 합의금에 대한 일방적인 주장을 한 바 있습니다. 맹세코 단 한 번도 피해자인 진정인에게 찾아와 형사합의를 위한 노력을 기울인 적이 없었는데도 위와 같이 거짓으로 공탁원인을 작성하고 나아가 자기는 공탁 걸었기에 이제 아무런 처벌도 받지 않을 거라는 뻔뻔스러운 모습을 보이고 있습니다.

피고인은 현실적으로는 돈 300만 원의 공탁 절차를 마침으로써 형사 사건에서는 마치 합의한 것과 비슷한 효과를 얻어 가벼운 처벌로 끝나게 되는 결과가 되어 억울한 피해자에게는 다시 한번 더 억울함 속에 빠지게 되는 것입니다.

사람에게 극심한 정신적 폐해를 주고서도 몇 푼의 돈으로 그 죄를 사려 하고, 진심으로 죄를 뉘우칠 줄도 모르는 양심이라고는 털끝만큼도 없는 피고인을 어찌 용서할 수 있겠습니까? 피해자에게 진심 어린 사과만 했었어도 그에 합당한 조치를 취했더라면 이렇게 억울하고 분통이 터지지는 않을 것입니다.

존경하는 재판장님!

반성이라는 말조차도 알지 못하고, 사람을 정신적 불구자로 만들어 놓고 눈 하나 꿈쩍하지 않고, 끝까지 피해자를 괴롭히는 몰상식한 피고인 최○○에게 엄벌을 내려 주십시오. 제발 부탁입니다. 그 길만이 피진정인이 그 동안의 고통을 조금이나마 보상받을 수 있는 길이라고 생각합니다. 다시 한번 부탁드립니다. 법이 허락하는 한 가장 무거운 죄값을 치르게 하여 주십시오. 법의 준엄함을 보여 주십시오. 공탁 걸어 놓은 돈은 피해자는 찾지 않겠습니다. 그 더러운 돈은 절대로 찾아 쓰지 않겠습니다. 300만원이 아닌 억만금을 공탁해도 절대로 찾지 않겠습니다.

그래서 공탁금 회수 동의서도 내용증명으로 보냈습니다. 가해자를 엄벌하시어 다시는 이런 파렴치한 행동을 하지 못하도록 해 주십시오, 제2, 제3의 피해자가 생기지 않도록 해 주십시오

첨부 서류: 공탁금 회수동의서 사본 1부
　　　　　　인감증명서 1부

○○○○. ○. ○.
피해자 황○○ 올림

246

탄원서

- **사건명**: 폭행
- **피고인**: 박○○
- **탄원인**: 김○○

존경하는 재판장님께

저는 박○○ 씨의 처 김○○입니다. ○○○○년 시아버님이 위암 수술 후 합병증으로 응급중환자실에 모신 후 ○○가 간절하여 며칠 전 ○○을 오신 ○○○○께 미리 허락을 받고 비어 있던 앞자리 즉 지정석에 앉은 것이 문제가 되어 ○○들이 몇천 명이 앉아 있고 어머님과 아내가 보고 있는 데서 ○○ 관계자 10여 명에게 멍석 말 듯 팔다리 사지가 들리어 나오는 일이 발생하게 되었습니다.

그 이후 ○○ 측의 부당한 대우에 항의하고 15년 다니던 ○○의 ○○를 참석하려 하자 계속 제지를 당하며 이런 일들이 발생하게 되었습니다. 박○○ 씨와 저는 ○○ ○○에서 4년 전 결혼을 하였고, ○○이 없던 저에게 ○○하여 ○○를 다니게 되었습니다. 매주 부모님을 모시고 ○○에 참석하고 착실히 ○○생활을 하고 있음에 틀림이 없습니다. 그 당시 박○○ 씨는 ○○의 세습 등 그 어떤 내용에도 나쁜 감정은 없었습니다. 항상 김○○ ○○을 존경한다고 말하였고, 저의 친정 부모님에게도 ○○에 모시고 오며 ○○를 할 만큼 ○○이 깊은 사람입니다.

다만 감옥에서 나와 위독하신 아버님께 장남으로서 여러 가지 큰 책임감과 경제적으로 제기해야 한다는 짐에 많이 예민해진 상태였습니다. 잠도 제대로 취하지 못하여 조울증이 다시 심해진 상태였습니다. 그 후 저와 같이 매주 진료를 받으러 병원에 꾸준히 다니어 ○○○○년 발병 후 가장 안정이 되었다는 주치의 선생님의 진단 결과를 받았습니다. 앞으로도 재발하지 않도록 꾸준히 아내로서 최선을 다하겠습니다.

지난번 기일 후 저와 신랑은 모든 상황을 저희 잘못으로 생각을 하고 ○○ 측에 사과를 드리러 찾아뵈었습니다. 김○○ ○○○○께 먼저 상담을 드렸고, 그 이후 수차례 김○○ ○○과 다른 관계자 분께 사과드리고 싶다고 ○○께 수차례 전달을 드렸고 도움을 주시어 사과 편지와 ○○ 측에서 요청하신 각서를 모두 제출하였습니다. 개인적으로도 사과를 드리러 집에 방문도 여러 차례 하고 있으며, ○○ 사무처를 찾아가 이번 사건 관련된 모든 분께 사과도 드리고 "지난 일은 모두 잊고 앞으로 잘하면 되지 않겠느냐고 힘내세요"라는 답변도 들었지만, 김○○ ○○○○의 의견과 ○○들의 회를 거쳐야 하는 상황이었습니다. (중략)

재판장님! 저희 부부를 조금만 가엾게 여기시어 감히 용서를 부탁드립니다. 올바른 가정, 올바른 ○○으로 사회에 선한 일을 하며 열심히 살아가겠습니다. 정신적으로 많은 아픔을 지닌 부족한 신랑을 부디 용

서하여 주십시오. 조금의 노력을 계속 더하여 바른 사람으로 성장시키
겠습니다. 진심을 드립니다. 죄송합니다.

○○○○년 ○월

김○○ 올림

탄원서

- 사건명: 폭행치사
- 피고인: 이○○
- 탄원인: 김○○

안녕하세요! 저는 이번에 재판을 받고 있는 이○○ 엄마입니다. 구치소에 들어가 있는 아들을 위해서 도움이 될 만한 일이 없을까 고민하다가 이렇게 글을 쓰게 되었습니다. 이 글을 쓰는 것이 ○○이한테 도움이 될지 아니면 판사님의 심기를 거스르는 것인지 잘 모르겠습니다. 하지만 애가 타서 이렇게라도 해 봐야 하지 않을까 해서 용기를 내봅니다. 처음 쓰는 글이라 어떻게 써야 할지 무슨 내용을 써야 할지도 모르겠습니다. 넓은 마음으로 이해해 주시고 읽어 주시면 감사하겠습니다.

○○이는 ○○보안요원으로 근무하면서 한 달에 ○○○만 원 정도의 봉급을 받아 그 중에 ○○~○○만 원씩 생활비에 보태는 착한 아들입니다. 쉬는 날이면 가게에 나와서 (제가 ○○일을 하고 있습니다) 배달도 도와주고 무거운 ○○○ 수거, 정리도 도와줍니다. 요즘은 ○○이가 없어 배달도 수거도 못하고 재판/면회에 다니느라 매장 문을 자주 닫다

보니 매출이 많이 떨어져 생활에 어려움이 있습니다.

　존경하는 재판장님,

　저는 이번 재판을 통해서 확실하게 알아지는 것은 피해자가 경찰 인계 시까지는 분명히 살아 있었다는 것을 알게 되었습니다. ○○이랑 강○○이 두 사람이 피해자의 몸에서 떨어져 나왔을 때에도 손을 움직여서 전화기를 가지러 가려고 했다는 사실입니다. 경찰분들 중 한 분도 ○○ ○○○도 손을 움직이는 것을 보았다고 했습니다. ○○이는 경찰 1차 진술서에도(이때는 피해자가 사망하기 전입니다) 피해자를 경찰에게 인도 시 분명 힘을 느꼈다고 진술했습니다. 마지막 재판에서도 상세히 판사님께 설명 드리는 것을 우리 모두는 들었습니다. 그리고 경찰분들이 뒤로 수갑을 채우고 뒷목 부분을 무릎으로 누르고 난 후에 응급상황이 발생했다는 것입니다. 지친 피해자에게 손을 등 뒤로 한 후 수갑을 채우면 가슴은 바닥에 닿을 수밖에 없습니다. 그리고 뒷목을 누르면 지칠 대로 지친 피해자는 숨을 쉬기가 어려웠을 거라고 생각이 듭니다.

　존경하는 재판장님,

　피해자가 사망한 것에는 정말 가슴 아프게 생각합니다. 자식을 잃은 부모의 심정을 어찌 감히 상상이나 하겠습니까? 같은 부모의 입장에서 천 번 만 번 가슴 아프게 생각합니다. 가슴 깊이 애도하는 마음을 보냅니다. 재판장님 혹시나 하는 심정으로 유사판례를 찾아보았습니다. 물론 재판장님께서 더 잘 알고 계시겠지만 지푸라기라도 잡는 엄마의 심정으로 올립니다.

존경하는 재판장님,

이 두 사람은 아직 젊습니다. 앞으로 살아갈 날이 많은 아들입니다. 재판장님의 판결에 따라서 이들의 앞날이 많이 달라질 것입니다. 이 두 젊은이는 자기 일을 열심히 하다가 어느 날 갑자기 생긴 피해갈 수 없는 사건이 발생한 것입니다. 그날 그 자리에 다른 사람들이 있었다 하더라도 똑같은 상황이 생기지 않을까요? 정말 그 순간 그 자리에서 어쩔 수 없이 맞닥뜨린 상황을 아들만의 최선을 다해서 한다고 한 행동들입니다. 피해자에게 아무런 감정도 없었고 생각도 없었습니다. 정말로 피할 수도 없었던, 다른 방법이 없었던 상황이라는 점을 깊이 이해해 주시기를 간절한 마음으로 무릎 꿇고 고개 숙여서 부탁드립니다.

끝까지 읽어 주셔서 감사드리고 글이 초라해서 죄송합니다.

ㅇㅇㅇㅇ. ㅇ. ㅇ.
김ㅇㅇ

탄원서

- **사건명: 폭행치사**
- **피탄원인: 이○○**
- **탄원인: 김○○**

관대하신 재판장님!

안녕하세요, 저는 위 사건의 피고인 이○○의 엄마인 김○○입니다. 먼저 제 아들의 사건으로 바쁘신 재판장님께 누를 끼치게 되어 죄송하다는 말씀을 드립니다. 아울러 유가족의 아픔에 진심으로 사죄를 드리며 정중하게 용서를 구합니다.

저는 싱글 맘으로 1남 1녀를 키우며 ○○○에서 하루 15시간 넘게 일을 하면서도 아이들을 먹이고 지킬 수 있다는 사실에 감사하며 살아왔습니다. 아들은 ○○○○과를 나왔으나 취업이 어려워지자 ○○○○회사에 들어가 근무하면서 ○○○여만 원의 박봉에도 한 달에 ○○~○○여만 원을 생활비로 보태는 속 깊은 아들입니다. 쉬는 날에는 ○○○에 나와 ○○○ 배달도 해 주고 무거운 ○○○ 정리정돈도 해 주는 든든한 아들입니다. 자라면서 누구와도 싸워 본 적이 없는 오히려 항상 맞고 들어와서 속상하게 한 아들입니다. 학교에 다닐 때는 선행상, 착한 어린이상도 여러 번 받은 아이입니다.

그랬던 아들이 업무 수행 중에 폭행치사라는 무서운 죄명으로 감옥에 있으니 이 사실을 어떻게 받아들일 수가 있겠습니까? 특수상황에 대비한 매뉴얼이나 훈련이나 장비도 없이 그냥 허허벌판에 아들을 던져 놓은 회사나 특히 ○○○○의 말도 안 되는 허술한 시스템이 만든 비극이라는 사실이 머리에서 떠나질 않습니다.

그리고 제 아들은 피해자를 죽게 할 의사가 전혀 없었으며 또한 사적인 다툼을 한 것도 아니고 무단으로 ○○에 침입해서 ○○○들의 안전을 위협하는 수상한 사람을 제압하는 업무수행 중이었습니다. 윗사람(○○팀장) 지시에 따르다가 예측하지 못한 어쩔 수 없는 상황에서 상대의 선 공격으로 인해서 벌어진 일입니다. 이 상황에서 두세 사람이 합세해도 진압이 안 되는 긴박한 상황에서 두 ○○○○은 아무런 보호 장비 없이 오로지 몸으로만 피해자와의 난동을 막아 내야만 하는 방법 외에는 아무런 대응 방법이 없었습니다.

그럼에도 불구하고 폭행치사라는 무서운 죄명으로 모든 잘못을 책임지게 하는 느낌을 지울 수가 없습니다. 그 누가 그 자리에 있었던 간에 이런 상황에서 더 어떻게 대처할 수가 있었을까요? 묻고 싶은 마음이 간절합니다. 아들이 감옥에 가고 나서 드는 느낌은 이 사건 전체를 볼 때 최대의 피해자는 원인제공자인 고인이며 다음으로 아들이라는 생각까지 듭니다.

관대하신 재판장님!

제 아들은 조직의 말단이고 누구에게 단 한 번도 해코지를 한 적이 없는 마음여린 젊은이입니다. 앞날이 구만리 같은 청년들이 근무 중에 느닷없이 발생한 10분여간의 사건으로 평생 동안 멍에를 짊어지고 살아야 한다는 현실이 믿기지가 않습니다. 부디 제 아들에게 관대하신 마음으로 아량을 베풀어 주십시오. 이 은혜는 결코 잊지 않고 아들이 앞으로 성실히 배려하는 삶을 살아가도록 보살피겠습니다. 재판장님의 따뜻하고 깊은 배려가 아들과 저희 가정에 희망의 빛이 될 것입니다. 재판장님의 가정에 행복이 가득하기를 ○○합니다. 끝까지 읽어 주셔서 진심으로 감사드립니다.

○○○○년 ○월 ○일(아들 생일에)
피고 이○○ 모 김○○ 올립니다.

탄원서

- **사건명: 폭행치사**
- **피고인: 이○○**
- **탄원인: 김○○**

저는 위 사건의 피고인 이○○의 모 김○○과 한 ○○ 다니는 동명인 ○○언니 김○○입니다. 혼자 몸으로 ○○일을 열심히 하며 남매를 키워 온 바 아들인 이○○이는 편모의 과중된 일을 도우려 짬나는 대로 일을 함께하며 대학을 나온 성실하고 반듯한 사람들입니다. 안타깝게도 의도치 않은 일로 안타깝게 된 점에 마음이 아프고 이 모자의 고통의 무게가 너무 큼으로 돕고자 하여 탄원서를 씁니다. 대학 졸업 후 취업이 여의치 않자 용역회사 일을 하게 되었고 ○○○○이란 업무를 수행하다 부지중 생긴 사고였음은 누구라도 짐작된 바 의도치 않은 결과를 참작해 주십사 지인의 한 사람으로 청원을 드립니다.

이들 모자는 법 없이도 살 수 있는 성실하고 반듯한 모범시민으로 열심히 살아온 사람들입니다. 이 사회와 국가의 일원으로 겨우 발을 내딛은 젊은 청년의 앞날을 부디 굽어 살펴 주셔서 두 모자의 밝고 긍정적인 삶의 의지가 꺾이거나 굴절되지 않고 건강하고 밝게 더 열심히 살아갈 수 있도록 큰 은혜를 베풀어 주시기만 두 손 모아 간절히 탄원 드립니다.

○○○○. ○.

탄원인: 김○○

탄원서

- **사건명: 폭행치사**
- **피탄원인: 이○○**
- **탄원인: 김○○**

위 사건은 피고인 이○○이 용역회사 말단 ○○○으로 ○○○○에서 근무하던 중, 심야시간에 무단 침입하여 고객들의 안전을 위협하며 난동을 부리는 상황에서, 동료 1명과 함께 상사의 지시에 따라 제압하던 중에 불미스런 일이 발생하여 실형선고를 받고 현재 2심이 진행되고 있는 사건입니다.

존경하는 재판장님,

저는 피고인 이○○의 어머니 김○○의 친구 되는 사람입니다. 착한 아들을 감옥에 보내고 날마다 눈물로 나날을 보내고 있는 친구를 보는 것이 참으로 안타깝습니다. 어렵게 남매를 키우고 열심히 살아가고 있는 친구가 망연자실하여 넋을 놓고 살아가고 있습니다. 같은 에미 되는 처지로 가슴이 저며 옵니다. 앞날이 구만리 같은 아들 하나 살리려고 이리저리 사방으로 뛰어다니는 우리 친구를 봐서라도 너그러운 아량으로 선처를 부탁드립니다.

재판장님의 하해와 같은 은혜를 고대하오며 간절히 ○○드립니다.

○○○○년 ○월 ○일

탄원인 김○○

탄원서

- 사건명: 폭행치사
- 피탄원인: 이○○
- 탄원인: 정○○

존경하는 재판관님.

저는 피고인 이○○ 어머니 김○○의 ○○되는 언니입니다. 사랑하는 아들을 감옥에 보내고 어렵게 남매를 키우며 열심히 살아가는 동생을 보며 같은 어미 되는 처지로 가슴이 저며 옵니다. 재판관님의 너그러운 아량으로 불쌍한 동생의 가족을 살려 주세요. 간곡히 선처를 부탁드립니다.

○○○○년 ○월
위 탄원인 정○○ 드림

탄원서

- 사건명: 폭행치사
- 피고인: 이○○

존경하는 재판장님!

피고인 이○○ 어머니 김○○ 친구되는 사람입니다. 너무나 힘들어하는 김○○을 보고 이런 글을 올리게 되었습니다. 이○○은 어머니 힘들까 봐 늦게까지 어머니를 돕던 착하고 성실한 아들이었습니다. ○○○ 손님이 줄자 경제적으로 어머니께 보탬이 되고자 용역회사에 취직하게 되었습니다. 풍족하진 않았지만 서로를 믿고 의지하며 화목하게 잘 살고 있는 가정이었습니다.

존경하는 재판장님!

착한 아들을 감옥에 보내고 일도 못하고 먹지도 잠들지도 못하며 아들을 구하러 사방으로 뛰어다니는 김○○을 보자니 너무 안타깝고 마음이 아픕니다. 본인 의도와는 상관없이 순간적으로 벌어진 일로 말미

암아 본인은 물론 가정까지 파괴되지 않도록 관대하신 재판장님께 선처를 부탁드립니다.

ㅇㅇㅇㅇ년 ㅇ월 ㅇ일

탄원서

- **사건명: 폭행치사**
- **피고인: 이○○**
- **탄원인: 정○○**

존경하는 재판관님!

저는 이○○ 엄마의 친한 언니입니다. 같은 자식을 가지고 있는 한 어미로서 간곡히 청원합니다.

충분히 피해자의 아픔도 알고 뉘우치고 있는 줄 알고 있습니다. 본인의 업무를 충실히 이행하던 도중 발생한 불가피한 사고입니다.

부디 이○○ 청년이 미래를 짊어질 한 청년으로 사회의 일원으로써 일할 수 있도록, 빠른 출소할 수 있도록 간곡히 요청 드립니다.

정○○

탄원서

- 사건명: 폭행치사
- 피탄원인: 이○○
- 탄원인: 최○○

존경하는 재판장님!

저는 이 사건에 대하여 시시비비를 가리는 것도 아니고 또 그런 자격과 능력도 되지 않는 사람입니다. 다만 아닌 밤중에 홍두깨 격으로 청천벽력과 같은 사건에 휘말린 ○○ 김○○(피고인 이○○의 모)씨가 정신적 육체적으로 피폐되어 싱글 맘으로 어렵게 꾸려 오던 가정이 송두리째 무너지는 처참한 모습을 옆에서 두고 볼 수 없어서 미력이나마 힘을 보태고자 이렇게 탄원을 드립니다.

관대하신 재판장님!

피고인(이○○)은 혼자 된 어머니 그리고 누이동생과 함께 단란한 가정을 이루고 주변의 자자한 칭송을 받으며 생활하던 티 없는 아들이고 앞길이 창창한 청년입니다. 가족들의 생계를 돕기 위해 ㅇㅇㅇ으로 근무하면서 본인의 의도와는 전혀 상관없이 상사의 지시에 따르다가 순간적으로 벌어진 일로 말미암아 일생 짐을 지고 살아가야 하는 멍에도 모자라, 이대로 잘못되면 가정도 파괴되고 어머니마저 잃게 되는 규환지옥 같은 고통과 절망에 빠져 있는 한 젊은이를 구원해 주시기를 앙망하나이다.

재판장님의 하해와 같은 은혜를 고대하오며 간절히 ㅇㅇ드립니다.

ㅇㅇㅇㅇ년 ㅇ월 ㅇ일 위 탄원인 최ㅇㅇ

탄원서

- 사건명: 횡령
- 피고인: 고○○
- 탄원인: 고○○

존경하는 재판장님.

저는 피고인이 대표로 있는 ㈜○○○○○○의 직원이자 첫째 딸 고○○입니다. 법인설립 당시부터 현재까지도 함께 근무하고 있는 직원으로서 본 사건에 대한 내막을 구체적으로 알고 있습니다.

아버지께서 회사의 공금을 사용한 부분은 큰 잘못이며, 아버지께서 사용하신 공금은 무슨 일이 있어도 일순위로 채워 넣어야 하고, 아버지 본인 스스로도 현재 바로잡지 못한 부분에 대한 책임에 대하여 깊이 반성하고 있습니다.

처음부터 큰 욕심 바라지 않고 수영장을 운영한 실적만으로도 회사에 큰 도움이 될 것이라는 제안에 저희는 회사의 이름을 대여해 주었으며, 아버지와 저는 이런 큰 사업에 경험 부족으로 잘못된 대처와 부적절한 행동을 하게 되었습니다. 수영장 폐장일은 다가오는데 그 누구 하나 회사에 부과된 세금을 책임지려 하지 않아서 저희는 불안했었고 그로 인해 세금명목으로 출금을 해 두었습니다.

수영장으로 인해 발생된 모든 세금은 민○○, 안○○ 씨가 깔끔하게 정산하기로 했던 부분입니다. 그러나 정산하기로 하였던 세금은 일절 해결된 것이 없으며 수영장 운영으로 인해 부과된 세금은 전기, 수도 및 국세를 포함하여 약 2억 원이 넘는 금액이 현재까지 체납되어 있습니다.

아무리 힘든 상황이라도 출금해 둔 공금은 손대지 말았어야 했지만 정산할 때 언제든 되돌려 놓기만 하면 된다는 안이한 생각에 너무도 큰 잘못을 저질러 버렸습니다. ㈜○○○○○○에 부과된 엄청난 세금만 생각하여 저희는 피해자라고 생각하고 잘못된 판단을 한 것입니다.

아버지는 회사의 대표이기 이전에 저희 가정의 가장이십니다. 개인적으로 사용한 돈은 저와 합심하여 일어서서 갚아 나갈 수 있도록 간곡히 선처를 바랍니다. 현재 국세 체납으로 인하여 회사와 아버지, 저는 연체자 등록이 되어 금융거래가 어려운 상태입니다. 이런 상황에 아버지께서 실형이 내려진다면 생계는 물론이거니와 저 홀로 회사를 이끌어가기에 한없이 부족하기 때문에 회사 운영에 차질이 생기어 두렵습니다.

부디 올바르게 일어서서 재기할 수 있도록 기회를 주셨으면 합니다. 아버지와 저는 힘이 닿는 데까지 뛰어 볼 각오가 되어있습니다. 아버지의 깊은 반성과 저의 절실함을 외면하지 말아 주시길 간곡히 부탁드리고 또 부탁드립니다.

이번에 너무나 큰 잘못을 저지르긴 하셨지만 아버지의 부재와 도움 없이는 저는 너무도 부족한 사람입니다. 가족구성원의 일원으로 저 역시도 누를 끼치게 된 점 함께 반성하며 다시는 이러한 일이 발생하지 않도록 열심히 살아갈 수 있게 선처를 바라는 바입니다.

ㅇㅇㅇㅇ. ㅇ. ㅇ.

탄원인 고ㅇㅇ

탄원서

- 사건명: 횡령
- 피고인: 고○○
- 탄원인: 진○○

저는 고○○와 같이 ○○동 ○○에 다니는 같은 ○○으로서 잘 알고 있습니다. 고○○은 일만 아는 사람으로서 이 사건에 연루되고 매우 힘들어했습니다. 저에게도 회사 명의를 빌려 준 것에 대하여 말하면서 세금이나 공과금 등은 누가 책임져야 하나며 걱정하는 말을 수차례 하였고, 불안하여 병원도 다닌다고 하였습니다.

○○○○이나 ○○에도 한 번도 빠지지 않고 나와서 명의대여로 인해 피해가 발생하지 않도록 열심히 ○○하였습니다. 옆에서 보기 측은할 정도였습니다. 지금은 같이 일하는 딸에게까지 피해를 줬다며 괴로워하고 있는 모습을 보고 제가 감히 이렇게 글을 올립니다. 고○○가 우직한 사람으로 열심히 일하여 본인이 납부할 세금만큼은 어떻게 해서라도 납부하고 ○○○○○○를 살리겠다는 일념으로 이리 뛰고 저리 뛰고 있습니다.

우직하고 열심히 일하는 고○○가 마음 편히 사업에 전념할 수 있도록 판사님의 하해와 같은 은혜를 바라와 같은 ○○으로서 탄원을 올립니다.

○○○○. ○.
위 탄원인 진○○

탄원서

- **사건명: 횡령**
- **피고인: 김○○**
- **탄원인: 김○○**

존경하는 판사님 꼭! 읽어 주시면 정말 감사드리겠습니다.

존경하는 재판장님께.

판사님 안녕하십니까. 저는 만 17세 소년수로 ○○구치소에 수감 중인 ○○○○번 김○○이라고 합니다. 어느덧 기나길 것만 같던 ○○년도의 여름에 막바지에 들어 더위가 한풀 꺾이고 있습니다. 이제 며칠 뒤면 가을의 선선한 바람을 느낄 수 있는 날이 다가옵니다. 저는 지금 이곳 구치소에서 15달이라는 기나긴 시간을 수감하였습니다.

저는 어린 나이에 이런 곳에 수차례 들락거리며 수없는 방황의 시기를 겪었습니다. 결국 그 방황이 저에게 2년이라는 큰 형으로 결말이 되었습니다. 저는 이곳 구치소에 수감 중임에도 이곳 안에서 반성의 시간을 보내야 할 시간에도 이곳 규정을 수도 없이 어겨 수차례 징벌실이나 들락거리는 정신 차리지 못한 불쌍한 청소년이었습니다.

그리고 저는 꿈조차 하나 없고 다른 많은 사람들이 "꿈이 뭐냐"라는 질문에도 대답조차 못하는 꿈 하나 없는 불쌍한 청소년이었습니다. 저는 이때까지 18년 동안 꿈도 없는 방황의 청소년기도 어둠만 짙게 깔린 인생을 살았습니다.

그런데 그러한 저의 삶에 절대 들어오지 않을 것만 같던 빛이 들어오기 시작했습니다. 그 빛을 제게 쏟아 주시는 분이 판사님께서 재판 중이신 ○○○○ 김○○ 봉사원 삼촌이십니다. 저같이 어린 청소년들이 지내는 소년수방에는 봉사원 삼촌들이 두 분 계십니다. 저는 아까도 판사님께 말씀드렸듯이 그 이전에 구치소 내에서도 수없이 규정에 어긋나는 행동을 하여 수차례 징벌실을 오가고 전방을 수없이 옮겨 다녔습니다. 그리고 또 말씀드렸듯이 꿈 하나 제 마음속에 품을 수 없던 정말 바보였습니다.

그런데 저는 김○○ 삼촌을 만나고부터 저의 어리석은 생각, 못된 행동들이 고쳐져 나가기 시작했습니다. 제가 처음 김○○ 삼촌을 만날 때도 그 이전 방에서 문제가 생기게 되어 전방을 오게 된 것이었습니다. 그리고 제가 김○○ 삼촌이 봉사원으로 계시던 방에 오기 전 김○○ 삼촌은 제가 많은 사고를 치고 다니고 정말 예의 없는 소년수라는 점을 잘 알고 계셨습니다. 다른 대부분의 소년수 봉사원이라는 분들은 이런 저를 품으시지도 않고 제가 이때까지 사고를 많이 쳤다는 편견 하나 때문에 저를 다른 거실로 보내고 저를 내치기까지 했었습니다.

그런데 이 김○○ 삼촌은 이때까지 제가 수없이 많이 만난 다른 소년

수 봉사원 분들과는 달랐습니다. 저를 처음 볼 때부터 편견이 아닌 관심으로 봐주셨고 미움이 아닌 사랑으로 저를 품어 주셨습니다. 그렇게 김○○ 삼촌과 하루하루를 지내면서 저의 잘못된 행동들이 있을 때면 다른 소년수 봉사원들과는 달리 좋은 말씀으로 타일러 주시고 그 잘못된 행동들에 대해서 고치는 방법을 아들 가르치듯이 정말 아버지라고 착각이 들 정도로 신경을 써 주시며 저를 가르쳐 주셨습니다.

저는 솔직히 가족의 품에서 오래 지내지 못하고 아버지, 어머니 사랑을 받을 나이에 쓸쓸히 이런 곳에 수감되어 가족의 사랑을 받지 못했습니다. 그런데 그 못 받은 사랑을 김○○ 삼촌이 저에게 한없이 주셨습니다. 그리고 어느 날 김○○ 삼촌이 제게 "꿈이 뭐냐?"라고 질문하셨습니다. 그래서 저는 항상 누구에게도 답했듯이 꿈이 없다고 얘기했습니다.

그런데 이때까지 만난 다른 수없는 사람들이 저를 그냥 꿈 하나 없는 불쌍한 아이라고만 생각했다면 김○○ 삼촌은 그 많은 사람들과는 달리 너는 아직 늦지 않았다고 격려를 해 주시며 저의 진로를 많이 걱정해 주시고 몇십일 간 제가 잘하는 점, 장점 등을 가르쳐 주시며 저의 진로를 자기의 일처럼 신중히 생각해 주시고 수없이 상담도 많이 해 주셨습니다.

그러한 김○○ 삼촌의 큰 도움 덕에 제게도 처음으로 꿈이 생기기 시작했습니다. 저의 생에 소중한 꿈은 "인테리어 시공사"입니다. 제가 평소 꾸미는 것과 손재주 등등 있는 것을 김○○ 삼촌이 알아봐 주시고 제게 일러 주셨고 저도 인테리어에 관심이 많고 좋아해 그 꿈을 품게 되었습니다.

그렇게 저는 꿈을 품게 되었고 또 이제는 꿈을 이루기 위한 과정과 방법을 제게 알려 주셨습니다. 정말 그전에는 별 볼일 없는 저의 삶에 다른 평범한 청소년들과 같이 꿈이 생기고 삶에 "목표"라는 것도 가지게 되었습니다.

판사님, 정말 이 세상에는 한없이 못되고 나쁜 사람들이 많이 있습니다. 아마 이 순간에도 범죄를 자초하는 어리석은 사람들도 있을 것입니다. 하지만 그 범죄자들 중 정말 악한 마음으로 범죄를 저지른 사람도 있을 것이지만, 정말 생계를 위해 살기 위해 범죄를 하는 사람도 많이 있을 것이고 또 그 범죄가 잘못된 행동임을 모르고 범죄를 저지르는 등 수많은 이유로 범죄를 저지르는 사람들이 있을 것입니다.

판사님, 감히 판사님께 저의 생각을 말씀드리자면 절대 김○○ 삼촌은 악하고 못된 마음을 가지고 잘못을 저지르실 분이 아니십니다. 오랜 시간 김○○ 삼촌과 같이 하루하루를 지내면서 정말 좋으신 분이라고 확신이 들었습니다. 판사님 이렇게 선량한 김○○ 삼촌을 선처 한번만 해 주십시오.

정말 이러한 저의 글들이 판사님이 판결하실 때 참작이 되지는 못하겠지만 정말 김○○ 삼촌은 이러한 힘든 수용생활을 하시면서 봉사의 정신을 놓지 않으시고 항상 남을 배려해 주시고 생각해 주시는 정말 좋으신 분입니다. 정말 김○○ 삼촌이 매일 밤잠도 못 이루시며 울고 계시는 삼촌을 위해서 이렇게 진심을 전부 삼아 글을 적고 있습니다. 매일 ○○하시면서 사회의 한 가장으로서 사회에서 애타게 기다리는 가족의 건강을 ○○하고 계십니다.

　판사님, 이러한 김○○ 삼촌에게 단 한 번의 선처라는 기회를 주셨으면 좋겠습니다. 정말 누구나 실수는 할 수 있는 것입니다. 그런데 그 실수를 깨닫지 못한다면 또 그 실수를 반복하게 되는 것입니다. 하지만 그 실수를 진정으로 깨닫고 뉘우친다면 다시는 그런 실수를 하지 않고 그 실수를 발판삼아 더 성장할 수 있는 것입니다. 제가 봐온 김○○ 삼촌은 그 실수를 깨달으셨을 거라 믿어 의심치 않습니다. 정말 이 김○○ 삼촌이라는 좋은 분을 만나 미래에 제 성공이 헛되지 않고 꼭! 노력하고 노력하여 이루겠습니다.

　판사님, 마지막으로 정말 저의 긴 글을 읽어 주셔서 정말 감사드립니다. 꼭! 저의 글의 진심을 알아주시고 김○○ 삼촌에게 선처를 해 주셨으면 좋겠습니다. 저의 이러한 글이 조금이라도 김○○ 삼촌께 도움이 되기를 간절히 ○○하고 ○○하겠습니다. 저의 글 끝까지 읽어 주셔서 정말 다시 한번 감사드립니다.

　　　　　　　　　　　　　　　　　　　　　　　김○○ 올림

탄원서

- **사건명**: 사기(보이스피싱)
- **피고인**: 고○○
- **탄원인**: 배○○

존경하는 재판장님!

피탄원인과 저는 같은 직장에서 같이 일했던 동료로서 평소에 성실하고 항상 동료분들의 힘든 일에도 앞장서고 성실한 동료였습니다.

좋지 않은 일에 참여하여 여러 사람에게 피해를 주고 사회의 물의를 일으켰다는 소식을 듣고 평소 제가 생각했던 피탄원인이 아니어서 저와 주변의 많은 사람들도 많이 놀라고 실망스러웠지만 다시 한번 기회를 주셔서 본래 성실하고 밝고 책임감 있는 본인의 모습을 되찾고 앞으로 반성하여 사회의 작은 공헌이라도 할 수 있는 사람이 될 수 있도록 기회를 주시길 바랍니다.

○○○○. ○. ○.

위 탄원인: 배○○ (인)

탄원서

- 사건명: 사기(보이스피싱)
- 피고인: 고○○
- 탄원인: 조○○

존경하는 재판장님께.

피탄원인은 평소 알고 지내던 조카뻘 되는 친구로서 제가 아는 이 친구는 심성이 매우 착한 친구로 알고 있는바 좋지 않은 일에 연루되어 저 또한 실망하였지만, 한 번의 기회를 더 주시면 감사하겠습니다.

○○○○. ○. ○.

위 탄원인: 조○○ (인)

탄원서

• 사건명: 사기(보이스피싱)

• 피고인: 고○○

• 탄원인: 신○○

존경하는 판사님!

피탄원인에 대한 선처를 부탁드리고자 탄원서를 쓰게 되었습니다. 피탄원인은 같은 동네 친한 동생으로서 오래 봐 왔지만, 남에게 피해를 주거나 나쁜 짓을 할 친구가 아니었는데 이렇게 되어 매우 유감스럽습니다. 순간 잘못된 선택으로 이렇게 된 것 같아 아쉬움이 큰 나머지 탄원서를 제출하게 되었으며 선처를 바라는 바입니다.

○○○○. ○. ○.

위 탄원인: 신○○ (인)

탄원서

- **사건명**: 사기(보이스피싱)
- **피고인**: 고○○
- **탄원인**: 김○○

존경하는 재판장님!

　피탄원인과 저는 같은 직장에서 함께 일했던 동료로서 평소 성실하며 동료들의 힘든 일에도 늘 앞장서고 궂은일도 마다하지 않고 도와주는 착한 동료였습니다. 좋지 못한 일에 참여하여 여러 사람에게 피해를 주고 사회에 물의를 일으킨 점 충분히 잘못했으니 벌 받아야 마땅하지만, 본래의 착한 심성과 성실함을 알고 있는 저로서는 다시 한번 기회를 주셔서 다시금 성실하고 책임감 있는 본인의 모습을 되찾고 앞으로 반성하여 사회의 작은 공헌이라도 할 수 있는 사람이 될 수 있도록 기회를 주시길 간곡히 부탁드립니다.

○○○○. ○. ○.

위 탄원인: 김○○　(인)

탄원서

- **사건명**: 사기(보이스피싱)
- **피고인**: 고○○
- **탄원인**: 방○○

안녕하십니까, 존경하는 재판장님!

밤낮으로 정의를 위해 매일 힘써 주시느라 경의를 표합니다. 우선 저는 ○○이 형의 대학 후배이자 친한 형·동생 사이인 방○○라고 합니다. 갑작스러운 ○○이 형의 불미스러운 소식에 굉장히 놀랐고, 안타까운 마음이 들었습니다. 평소 제가 아는 ○○이 형은 남들을 배려하고 도와주는 마음이 커서 대학 시절에도 봉사활동을 하는 ○○○○라는 봉사 활동단체에 들어가 ○대 회장직까지 맡으며 항상 솔선수범하며 생활하였습니다. 이러한 형이 이런 불미스러운 일로 인해 구치소에 수감되어 있다는 게 정말 믿어지지 않고 실감이 나지 않습니다. 존경하는 재판장님께서 이번 한 번만 ○○이 형에게 깨끗하고 새로운 삶을 살 수 있도록 선처 부탁드립니다. 감사합니다.

○○○○. ○. ○.

위 탄원인: 방○○ (인)

탄원서

• **사건명**: 사기(보이스피싱)
• **피고인**: 고○○
• **탄원인**: 김○○

존경하는 재판장님,

먼저 제 소개를 드리자면 ○○이 형의 친동생인 고○○군과의 오랜 고향 친구이자 ○○이 형의 친한 동생인 김○○라고 합니다. 먼저 이런 탄원서를 쓴다는 지금 이 현실이 참으로 씁쓸하고 안타까운 마음입니다. 누구나 그렇듯 사회에 뛰어들어 각자의 자리에서 열심히 생활하며 살아가려고 합니다. 다만 어떤 자리에서 무슨 일을 어떠한 방법으로 하느냐가 중요하지만 단 한 가지 공통적인 사실은 살기 위해 발버둥을 친다는 것입니다. "죄는 미워하되 사람은 미워하지 말라"라는 말이 있듯이 저는 환경이 사람을 만든다고 생각합니다. 전 ○○이 형의 죄를 얼굴도 뵌 적 없는 판사님께 선처 드린다는 말보단 다시는 이런 일을 생각조차 못 할 새로운 사람이 될 수 있도록 도와주셨으면 합니다. 조금 더 나은 환경에서 새로운 사람으로 태어나고 발전할 수 있도록 가능한 빠른 시일 내에 자리 잡을 수 있도록 부탁드립니다. 이번 일로 인해 ㅇㅇ이 형의 가족, 주변 친구들과 많은 사람 그리고 본인이 느낀 점이 많을 것입니다.

　판사님 부디 본인을 포함한 주변의 모든 사람의 염원이 판사님께 전해졌으면 합니다. 조금은 두서없는 글과 부족한 글씨로 탄원서를 작성하였으니 꼭 알아 주셨으면 합니다. 이 탄원서를 받는 하루도 즐거운 하루가 되시기 바랍니다. 감사합니다.

ㅇㅇㅇㅇ. ㅇ. ㅇ.

위 탄원인: 김ㅇㅇ　(인)

탄원서

- 사건명: 사기(보이스피싱)
- 피고인: 고○○
- 탄원인: 김○○

존경하는 재판장님께.

저는 ○○○에 살고 있는 아이 엄마이자 고○○ 씨의 어릴 때 친구입니다. 같은 고등학교에서 3년 내내 봐 오고 지내왔기 때문에 ○○이가 어떤 사람인지는 잘 알고 있습니다. 학창 시절에도 친구들이 많고 그 친구를 미워하는 이 하나 없었습니다.

오히려 ○○이 덕분에 웃을 일도 많았고 다들 좋아하는 밝고 명랑한 사람이었습니다. 그래서 저는 아이 엄마가 된 지금도 고○○ 씨를 친구로서 아주 좋아합니다. 저희 엄마가 이불 가게를 하셨는데 성인이 된 이후에도 이불이 필요할 때는 꼭 저희 가게에서 구매하여 줄 만큼 주위 잘 살피는 인정이 많은 친구입니다.

이번 사건에 관련되어 매우 안타깝게 생각하고 있습니다. 주위에 이 사실을 알렸을 때도 다른 친구들 또한 그렇게 착한 친구가 왜 이런 일에 휘말려 들었나 모두 안타깝게 생각하고 있습니다. 그러하여 이번 한 번만 선처를 해주신다면 젊은 청년에게 다시 한 번 반성의 계기가 될 것이라고 믿습니다.

　　존경하는 재판장님 선처를 간곡히 부탁드립니다.

○○○○. ○. ○.

위 탄원인: 김○○　(인)

탄원서

- **사건명:** 사기(보이스피싱)
- **피고인:** 고○○
- **탄원인:** 최○○

존경하는 재판장님께.

저는 ○○이와 고등학교 선후배이자 동네 친한 동생 사이였습니다. ○○이는 어려서부터 의리 있고 책임감도 많았으며 성인이 돼서는 봉사 활동의 동아리 회장도 했을 정도로 선한 동생이었습니다. 그런데 어쩌다가 불미스러운 일에 엮이게 되어 그 안타까움이야 말할 수 없습니다.

존경하는 재판장님, ○○이는 이런 일에 엮여서 불미스러운 일에 손해를 봐선 안 되는 착한 동생입니다. 부디 선처를 부탁드립니다. 감사합니다.

○○○○. ○. ○.

위 탄원인: 최○○ (인)

탄원서

- **사건명: 사기(보이스피싱)**
- **피고인: 고○○**
- **탄원인: 김○○**

존경하는 재판장님께

안녕하세요. 저는 ○○이 친한 형인 김○○이라고 합니다. ○○이는 정말 착한 동생이며 열심히 살려고 노력을 정말 많이 하는 동생이었습니다. 불미스러운 일로 휘말려서 정말 마음이 안쓰럽습니다. 재판장님의 넓은 마음으로 부디 선처 부탁드립니다.

○○○○. ○. ○.

위 탄원인: 김○○ (인)

탄원서

- 사건명: 사기(보이스피싱)
- 피고인: 고○○
- 탄원인: 김○○

존경하는 재판장님께

안녕하세요? 재판장님! 저는 ○○이 오빠 대학 후배이자 같은 동네에 사는 김○○이라고 합니다. 불미스러운 일로 인사드리게 되어 정말 죄송합니다. 대학 시절 같은 동아리였던 오빠는 봉사 동아리 회장이었습니다. 항상 동생들과 못 어울리는 친구들을 챙겨주었고, 궂은일 마다하지 않고 제가 힘들 때마다 최근까지도 큰 힘이 되어 주었던, 물론 저뿐만이 아니라 모든 사람에게 그런 사람입니다. 이런 일에 휘말려 정말 괜찮은 사람의 앞길이 막힐 것을 생각하면 너무 마음이 아픕니다. 존경하는 재판장님, 부디 선처 부탁드립니다. 기회를 주세요.

○○○○. ○. ○.

위 탄원인: 김○○ (인)

탄원서

• 사건명: 사기(보이스피싱)
• 피고인: 고○○
• 탄원인: 김○○

존경하는 재판장님!

　피탄원인과 저는 같은 직장에서 함께 일했던 동료로서 평소 성실하며 항상 동료들의 힘든 일에도 앞장서고 궂은 일도 마다하지 않는 성실한 동료였습니다. 안 좋은 일에 참여하여 여러 사람들에게 피해를 주고 사회의 물의를 일으켰다는 소식을 듣고 평소 제가 생각했던 피탄원인이 아니어서 저와 주변의 많은 사람들도 많이 놀랍고 실망스러웠지만 다시 한번 기회를 주셔서 다시는 본래 성실하고 책임감 있는 본인의 모습을 되찾고 앞으로 반성하여 사회에 작은 공헌이라도 할 수 있는 사람이 될 수 있도록 기회를 주시기 바랍니다.

○○○○. ○. ○.
위 탄원인: 김○○　(인)

탄원서

- **사건명: 사기(보이스피싱)**
- **피고인: 고○○**
- **탄원인: 백○○**

존경하는 재판장님

 피탄원인과 저는 오랫동안 같은 지역에서 알고 지낸 선후배입니다. 늘 본인보다 가족을 생각하고 챙기던 후배가 안 좋은 사건에 연루되었다는 소식이 놀랍고 저 역시 많이 실망할 수밖에 없었습니다. 하지만 존경하는 재판장님께서 선처하여 주신다면 잘못한 일을 반성하며 늘 봉사하는 마음으로 성실한 사회인이 될 수 있는 후배라는 사실은 지금도 변함없이 믿고 있습니다.

 피탄원이 다시 한번 기회를 가질 수 있도록 도와주십시오.

○○○○. ○. ○.

위 탄원인: 백○○ (인)

탄원서

- **사건명**: 사기(보이스피싱)
- **피고인**: 고○○
- **탄원인**: 김○○

존경하는 재판장님께

고○○은 오래전부터 저와 친형처럼 오래오래 보면서 지낸 형입니다. 이렇게 갑자기 안 좋은 일이 생겨서 당황스럽습니다. 현재 고○○은 많이 반성하고 생각을 많이 하고 있는 것 같습니다. 정말 생각도 없고, 반성도 안 하고 있으면 이렇게 탄원서도 쓰지 않을 겁니다.

존경하는 재판장님! 꼭 좋은 선처 부탁드립니다.

○○○○. ○. ○.

위 탄원인: 김○○ (인)

탄원서

- **사건명**: 사기(보이스피싱)
- **피고인**: 고○○
- **탄원인**: 이○○

존경하는 판사님께

　고○○은 평소 성실하며 정직하게 주변인들과 지냈는데, 어설픈 판단으로 나쁜 일을 하게 되어 주변 지인으로서 안타깝게 생각하며 이 글을 씁니다.

　판사님, 넓은 아량으로 고○○을 선처해 주시기 바랍니다. 선처해 주신다면 깊게 반성을 하고 사회에 나와서 봉사도 열심히 하며 반성할 겁니다.

　선처를 부탁드립니다.

○○○○. ○. ○.

위 탄원인: 이○○ (인)

탄원서

- **사건명**: 사기(보이스피싱)
- **피고인**: 고○○
- **탄원인**: 강○○

존경하는 판사님!

피탄원인에게 판사님의 넓은 아량으로 선처를 해 주신다면 본인은 물론 피탄원인 고○○ 또한 두 번 다시 이러한 일이 일어나지 않도록 노력할 것을 머리 숙여 약속드립니다. 부디 현명하신 ○○○ 판사님의 선처가 있기를 두 손 모아 부탁드립니다. 판사님의 건강과 가정에 행운과 축복이 함께 하기를 간절히 기원합니다.

○○○○. ○. ○.

위 탄원인: 강○○ (인)

탄원서

- 사건명: 사기(보이스피싱)
- 피고인: 고○○
- 탄원인: 신○○

존경하는 ○○○ 판사님께.

오늘도 공정한 법 집행을 위해 애쓰시는 판사님, 날도 더운데 고생이 많으십니다. 제 소개를 드리자면 ○○이 형과 친한 형 동생 사이입니다. 금번 사건 때문에 무척 고통스러워하기에 이를 지켜보는 동생으로서 마음이 너무 아픕니다.

○○이 형은 마음이 여리고 누구보다 따뜻한 남자입니다. 반성을 깊게 하고 있고 기회를 주신다면 그 어떤 누구보다 열심히 살 것입니다. 피탄원인을 선처하시어 ○○이 형이 하루속히 돌아가 안정을 찾을 수 있도록 부탁드립니다.

○○○○. ○. ○.

위 탄원인: 신○○ (인)

탄원서

- **사건명: 사기(보이스피싱)**
- **피고인: 고○○**
- **탄원인: 김○○**

피탄원인은 고○○과는 고등학교 동창 사이입니다. 존경하는 재판장님, 피탄원인 고○○은 가정형편이 넉넉지 못하여 어린 나이부터 집안 살림을 도맡아 왔으며 그로 인한 경제적 어려움으로 인하여 잘못된 선택을 하게 된 것 같습니다.

부디 너그러운 마음으로 선처 바랍니다.

○○○○. ○. ○.

위 탄원인: 김○○ (인)

탄원서

- **사건명: 사기(보이스피싱)**
- **피고인: 고○○**
- **탄원인: 최○○**

존경하는 재판장님!

저는 현재 구속 수감되어 있는 고○○과 선후배 사이로 어렸을 적부터 오랜 기간 알고 지내온 사이로 서로에 대해 누구보다 잘 알고 있습니다. 현재 고○○은 한순간의 잘못된 판단으로 인해 많은 사람에게 피해를 주고 하루하루 반성의 시간을 보내고 있습니다. 어떠한 이유로도 그 잘못을 면할 수는 없다는 걸 잘 알지만 많은 반성과 뉘우침으로 하루하루를 보내는 점 알아주셨으면 합니다. 추후 사회에 나오게 된다면 다시는 이런 불미스러운 일이 일어나지 않도록 주변에서 많은 관심으로 지켜보겠습니다. 고○○을 걱정하는 가족들 그리고 친구, 지인들 모두 노력하겠습니다. 재판장님의 넓은 이해와 아량을 베풀어 선처를 부탁드립니다.

○○○○. ○. ○.

위 탄원인: 최○○ (인)

탄원서

• 사건명: 사기(보이스피싱)

• 피고인: 고○○

• 탄원인: 정○○

존경하는 재판장님,

피탄원인과 저는 오랫동안 같은 지역에서 알고 지낸 선후배입니다. 늘 본인보다 가족을 생각하고 챙기던 선배가 안 좋은 사건에 연루되었다는 소식이 놀랍고 저 역시 많이 실망할 수밖에 없었습니다. 하지만 존경하는 재판장님께서 선처하여 주신다면 잘못한 일을 고칠 수 있는 선배라는 사실은 지금도 변함없이 믿고 있습니다. 피탄원인이 다시 한 번 기회를 가질 수 있도록 도와주십시오.

○○○○. ○. ○.

위 탄원인: 정○○ (인)

탄원서

- **사건명**: 사기(보이스피싱)
- **피고인**: 고○○
- **탄원인**: 김○○

존경하는 ○○○ 판사님께.

정의구현을 위하여 불철주야 노고를 아끼시지 않음에 존경과 감사의 말씀을 올립니다. 저는 이번에 재판을 받는 고○○의 동생 김○○입니다. 제가 아는 고○○이라는 분은 누가 무엇을 부탁하면 너무 착해서 거절 의사도 제대로 밝히지 못하는 그런 사람이었습니다.

처음 이런 일에 휘말렸다는 이야기를 듣고 너무 놀랐고 당황하였습니다. 원체 사람이 착하기 때문에 제가 들었던 내용과 다르게 어떤 이의 입김이 있을 것이라 생각하지만 사회에 책임져야 할 가족이 있어 이렇게 선처 부탁드립니다.

끝으로 부디 현명하신 판단으로 공정한 판결해 주시기를 두 손 모아 바랍니다. 선처를 부탁드립니다.

○○○○. ○. ○.

위 탄원인: 김○○ (인)

탄원서

- **사건명: 사기(보이스피싱)**
- **피고인: 고ㅇㅇ**
- **탄원인: 송ㅇㅇ**

존경하는 ㅇㅇㅇ 판사님께.

저는 위 사건의 피의자로 처벌을 받고 있는 고ㅇㅇ과는 약 6년간, 같은 직장의 동료였습니다. 조금은 두렵고 무거운 마음으로 탄원서를 올리는 저의 심정을 판사님께서 이해와 용서로 살피시길 간청합니다.

피탄원인 고ㅇㅇ이란 동생은 화목하면서도 신산스러웠던 직장에서도 언제나 궂은일을 마다하지 않고, 매사에 탁월한 아이디어로 동료들에게 좋은 기운을 심어 주는 동생이었습니다. 그런 동생이 범죄와 연루되어 구치소에서 안타까운 삶의 일부를 보내고 있다니 심히 저와 이곳의 동료들은 가슴이 메어 옵니다. 누구보다 에너지 넘치고, 웃음이 멈추지 않는 밝은 젊은이를 부디 선처하시길 판사님께 간곡히 호소드립니다.

존경하는 판사님, '말을 타면 종자 잡히고 싶다'라는 속담처럼 한순간의 유혹으로 엉뚱한 시선을 잠시 바라보았던 저의 동료, 어려운 가정에서 치열하게 살아온 한 청년의 미래에 밝은 불을 밝혀 주시길 바랍니다. 무더위에 건강 조심하시고, 늘 행운이 따르는 여일을 기원합니다. 조리 바르지 못한 저의 글을 살펴주시어 감사드립니다.

○○○○. ○. ○.

위 탄원인: 송○○ (인)

탄원서

- **사건명**: 사기(보이스피싱)
- **피고인**: 고○○
- **탄원인**: 추○○

존경하는 ○○○ 판사님께.

　오늘도 공정한 법 진행을 위해 애쓰시는 판사님께 경의의 말씀을 드립니다. 피의자는 평소 마음이 여리고 성실한 사람으로 남에게 피해를 줄 사람이 아닙니다. 일시적인 잘못된 판단으로 이런 일이 생기게 된 것 같아 매우 당황스럽고 놀랐습니다. 제가 알고 지켜본 피의자는 남에게 피해를 주거나 해를 끼칠 사람이 절대 아닙니다. 누군가에게 잘못된 정보를 얻고 속아 이용당한 것 같습니다. 아직 피의자에 대한 처벌 수위가 결정된 상태는 아니라고 들었습니다. 이미 피의자는 자신이 저지른 실수에 대한 지금까지 잘못을 절실히 뉘우치고 크게 후회하고 있습니다.

　존경하는 판사님……

제 친구에게 반성하는 기회를 주신다면 두 번 다시 이와 같은 사건이 일어나지 않도록 노력할 것이라 약속드립니다. 부디 현명하신 ○○○ 판사님의 선처가 있기를 두 손 모아 부탁드립니다.

○○○○. ○. ○.

위 탄원인: 추○○ (인)

탄원서

- 사건명: 사기(보이스피싱)
- 피고인: 고○○
- 탄원인: 이○○

존경하는 ○○○ 판사님께.

저는 ○○이 형의 친한 동생 이○○입니다. 이번 사건이 있기 전까지 ○○이 형은 항상 성실함이 몸에 배어 있고 주위 사람들에게도 성실하다고 칭찬을 많이 받으며 살았던 형입니다. 저와 ○○이 형 지인들은 이번 사건 소식을 듣고 무척이나 놀랐습니다. 아마 경제적으로 힘이 들어 잘못된 판단을 한 것 같습니다. 존경하는 재판장님 이번 사건으로 ○○이 형도 느낀 점이 많고 반성도 많이 했을 겁니다. 부디 열심히 살아 보려고 노력하는 ○○이 형에게 선처해 주시길 간곡히 청합니다.

○○○○. ○. ○.

위 탄원인: 이○○ (인)

탄원서
A to Z 제1권

ⓒ 최한겨레, 2020

초판 1쇄 발행 2020년 2월 21일

편저자   최한겨레
펴낸이   이기봉
편집   좋은땅 편집팀
펴낸곳   도서출판 좋은땅
주소   서울 마포구 성지길 25 보광빌딩 2층
전화   02)374-8616~7
팩스   02)374-8614
이메일   gworldbook@naver.com
홈페이지   www.g-world.co.kr

ISBN   979-11-6536-150-1 (03300)

이 도서의 국립중앙도서관 출판예정도서목록(CIP)은 서지정보유통지원시스템 홈페이지(http://seoji.nl.go.kr)와 국가자료공동목록시스템
(http://www.nl.go.kr/kolisnet)에서 이용하실 수 있습니다. (CIP제어번호 : CIP2020005812)